JN306677

30キロ過ぎで一番速く走るマラソン

サブ4・サブ3を達成する練習法

小出義雄

角川新書

はじめに――「マラソンのコツ」の話

マラソン競技の監督という仕事をしていると、市民ランナーのみなさんとも触れ合う機会があります。マラソン大会にゲストで呼ばれたり、講演会で話したり、あるいはマラソン教室に参加したり、いろいろな場所で接してきました。

そういう場でみなさんと話をしていて、最近、気がついたことがあります。それは僕に質問してくる内容が変わってきたこと。このところよく聞かれるのは次のようなものです。

「どうしたらもっと速く走れますか？」

10年くらい前までは、こんな質問をしてくるのは陸上部の学生ぐらいでした。一般ランナーはジョギングを楽しんでいる人が大半だったので、「42キロなんてどうしたら走れるんですか？」という声が多く、自分がマラソン大会に出ていいものかどうか迷っているくらいでした。

それが今では日本全国で市民ランナーのための大会が増え、とても多くの人がレースを楽しんでいます。大会でいい記録を出すために毎日のように走って、練習もしているのでしょう。でも、思うようにタイムが伸びない。サブ4やサブ3という目標があるけれど、なかなか達成できないので、僕に質問してくるんだと思います。

でも、「どうしたらもっと速く走れますか？」という質問は、なかなか答えが難しいものです。速く走るといっても、目指しているスピードは人それぞれ。実力の違いがあるので、一口に練習方法を話すことはできません。

そこで僕は、いつも同じ話をするようにしています。**それは、誰もが速く走れるようになる「マラソンのコツ」の話。マラソンには、実力に関係なく自己ベストを更新するためのコツがあるので、次のように話すのです。**

「レースでいい記録を出したければ、前半から頑張ってはダメですよ。はじめはゆっくりいって、だんだんスピードを上げていく。一番速いペースになるのは30キロ過ぎ。それがいいタイムを出すコツなんです」

たったこれだけで自己ベストは出せるようになります。マラソンというのは、「後半型」

で走るとタイムがよくなるようにできている。30キロから先をどう走るかで、タイムは変わってきます。

この本は、フルマラソンで自己ベストを出したい、という人に向けて、その練習方法について書きました。

具体的にはサブ4（4時間を切る記録）、サブ3、あるいはサブ3・5を目指すことを前提にしているので、そうした目標を持っている人が読むととくにわかりやすいでしょう。もしも、まだ完走することに不安を持っている人であれば、前作『マラソンは毎日走っても完走できない』（角川SSC新書）もあわせて読んでもらえると理解しやすいと思います。

ちなみに前作は基礎編で、マラソン練習の基本について書きました。おかげさまで好評を頂きまして、今回は実践編として速く走るためにすべきことを記しました。僕のようにマラソン競技の監督をしている者にとっては、むしろこちらが専門です。

やるべきことは、トップランナーも市民ランナーも基本的に同じです。練習内容に程度の差はありますが、しっかりとタイムを出せるようになる「マラソン専用の練習」を指導していきます。これは、僕が毎日やっている仕事。だから、必ず速く走れるようになるはずです。

キーワードになるのは、「後半型」の走り。

それを身につけるための考え方や練習方法を具体的に記していきます。


マラソンは楽しいものです。

練習で走るのも楽しい。

レースでいい結果が出れば、もっと楽しくなるでしょう。

この本が、みなさんのマラソンライフを楽しくするお役に立てますように。そう祈ってやみません。

２０１３年秋　小出義雄

目次

第2章　後半型で走るための考え方と練習方法
――サブ4を例に説く「マラソンのコツ」　33

第1章　マラソンのコツは「後半型」で走ること

――一番苦しい30キロ過ぎで一番速く走るために

この第1章では、後半型の走りについて説明していきます。

冒頭の「はじめに」で、僕はこう書きました。

「レースでいい記録を出したければ、前半から頑張ってはダメですよ。はじめはゆっくりいって、だんだんスピードを上げていく。一番速いペースになるのは30キロ過ぎ。それがいいタイムを出すコツなんです」と。

こうした後半型の走りがどういうものか。それをトップアスリートや市民ランナーの走りで具体的にみていきます。どんなランナーにも後半型の走りが有効なことを、まずは実例でみてもらいたいのです。

なにしろ、速く走りたいと思っているランナーにとっては、前半だけでも「ゆっくり走る」というのはなかなか納得できないことでしょう。言われたとおりにゆっくり走ったら、結局タイムも遅かった……。そんな不安が少しでもあれば、練習に身が入りません。だから、なぜ後半型で走らなければならないのか、その点をしっかり納得してもらいます。

後半型で走ると、どんなことが起きるのか？　それをこの章でみてから、後半型で走るための練習に移っていきます。

では、後半型の走りの典型的な例について、僕が今でも忘れられないレースの話から始めます。

■前半を「ゆっくり走る」の本当の意味

Qちゃん（高橋尚子・以下同）のマラソン人生を大きく変えたレースがあります。それは、金メダルを取ったシドニーオリンピックでも、世界記録を達成したベルリンマラソンでもない、国内のレース。彼女にとって2回目のマラソン大会でした。

１９９８年の名古屋国際女子マラソン。今では名古屋ウィメンズマラソンに名称が変わりましたが、この大会で初優勝を飾ってから彼女の人生は変わったと僕は思っています。

実は、名古屋を走る1年前、彼女は初マラソンとして大阪国際女子マラソンを走っています。そのときの結果は7位。初マラソンで7位入賞というのは立派な成績ですが、僕たちが目指していたものとは違っていました。

初マラソンを走る前から、僕はQちゃんに繰り返し言っていたんです。「お前は世界一になれるよ」と。それだけの素質があるのは間違いなかったので、何度も何度も「世界一になれるぞ」と言って彼女を走らせました。これは本人にだけ言っていたのではありません。陸上関係者やマスコミにも「それだけの逸材ですよ」と話していました。

それなのに、初マラソンの結果はよくありませんでした。レースの中盤から後半にかけて失速して、優勝争いにも絡めなかった。貧血というアクシデントが原因でしたが、それも含めてマラソン。タイムも2時間31分32秒という平凡な記録でした。

これは、Qちゃんにとっても相当にショックだったようです。

レースが終わると「私はマラソンに向いていません」と言って、マラソンそのものを諦めかけた。それを僕が「あと一回でいいから走ってくれ」と言って出場したのが、1年後の名古屋国際女子マラソンだったのです。

だから、このレースはどうしても勝たせたかった。戦略を練って、何度も何度も彼女に言って聞かせました。

「いいかい、前半はゆっくりだよ。周りのペースがどんなに遅くても、絶対に飛ばしちゃダメだ」と。

名古屋は曲がり角が多く、その分だけ記録も出にくいコースです。こういう大会では、選手はタイムよりも勝負に徹します。序盤は様子をみる選手が多く、きっとゆっくりしたペースになる。だからQちゃんには、前半はゆっくりいって後半で勝負するように指示を与えたんです。

レースがスタートすると、案の定スローペースの展開になり、序盤は予定どおりに思えました。でも、マラソンというのは簡単にはいきません。

先回りして15キロ地点あたりで選手が来るのを待っていると、やがて現れた先頭集団のトップをQちゃんが走っていました。あれほど、ゆっくりと言ったのに、先頭集団を引っ張っていたんです。それをみて「えっ！」と思った僕は、「ゆっくり！　ゆっくりだぞ！」と沿道から大声で叫びました。

マラソンでは、走り始めてしばらくすると体がふっと軽くなってスピードが出やすくなるときが来ます。とても調子がよく、ゆっくり走ろうと思ってもついついスピードが出てしまう時間帯がある。「ゆっくり走る」というのは、こうして体が軽くなったときにも抑えて走るということで、飛ばしたくなる気持ちをグッと我慢しなければなりません。

僕の声が聞こえたのか、Qちゃんはちょっとうしろに下がりました。自分のスピードに気がついたのでしょう。先頭集団の中に入り、そのまま後半の勝負に備えました。

彼女には、30キロ過ぎで勝負することは伝えていたので、僕は30・5キロ地点で待ち構えていました。すると、今度は先頭集団の中で抑えて走っているQちゃんがやって来た。それをみた僕はまた大声で指示を出しました。

「ここから、行け！」

僕と目が合った瞬間、Qちゃんはポーンと飛び出した。もともと力がある選手が30キロ過ぎまでその力を残していたんです。弾けるような飛び出しに、ほかの選手は誰もついてこられません。

そこからはひとり旅。Qちゃんは走るのが楽しくてしょうがないという表情で、そのままゴールを駆け抜けました。もちろん、優勝です。

このときのタイムが2時間25分48秒、当時の日本最高記録でした。前半のスローペースからすると2時間35分はかかるだろうといわれた予想タイムを、10分近くも上回ったのですから、見事な優勝タイムです。

マラソンをやめるかもしれなかった大会で出した日本最高記録は、もちろんQちゃんにとっては自己ベストです。彼女はこのあと世界記録を出すまで何回も自己ベストを塗り替えていきますが、その多くがこうした後半型の走りによって生み出されたものなのです。

■一番苦しい30キロ過ぎで一番速く走る

僕がみなさんに実行してもらいたいのが、こうした後半型の走りです。スタートはスローペースで入り、後半でスピードを上げて自己ベストを出すレースです。

それにしても、スローペースの展開で優勝タイムが日本最高記録になるというのは不思議に思えないでしょうか？　なぜ、こうしたことが起きるのでしょうか？

そこで、後半型の走りとは具体的にどういう走りなのか。前半と後半でタイムがどれくらい違うものなのか。それを名古屋でのQちゃんの走りを例に5キロごとのスプリットタイムでみてみます。

0～5キロ……………17分41秒
5～10キロ…………17分40秒
10～15キロ…………17分21秒
15～20キロ…………17分35秒
20～25キロ…………17分53秒
25～30キロ…………18分01秒
30～35キロ…………16分06秒（※ここでゴーサイン）
35～40キロ…………16分21秒

40～42・195キロ……7分10秒（5キロ換算で16分19秒）

スタートから30キロまでのスプリットタイムをみると、ほとんどが17分台後半（平均17分42秒）というゆっくりしたペースで進んでいます。それをQちゃんは30キロ過ぎで飛び出して16分台前半（16分06秒）にまで上げました。直前のスプリットタイム（18分01秒）と比べると、一気に2分近くも上げているのがわかります。

Qちゃんはギアを一気にポーンと上げられるのが強いところ。この名古屋のレースでは30キロからゴールまでの12・195キロを39分37秒で走り、40分を切っています。一番苦しい終盤をここまで追い込むのは、なかなかできることではありません。

それができたのは前半のスローペースが、Qちゃんにとって十分に力を蓄えられるスピードだったから。飛ばそうと思えば飛ばせるところを我慢して力を残した。脚を疲労させずに走り、その残しておいた力を最後に使ったから、苦しいはずの後半でスピードが出せたんです。

走り終わったQちゃんは、僕にこんなことを言いました。

「あと5キロ手前からスパートしていれば、世界記録が出たかもしれませんね」

きっと、このとき彼女は自分の本当の力を感じ取ったのでしょう。あれほど「私はマラソンに向いていない」と言っていたのに、自分から「世界」を口にしたんですから。このレースで彼女は、何かを掴み取ったのです。

もちろん、Ｑちゃんの出したタイムは特別なもので、一般のランナーがここまでスピードを上げる必要はありません。でも、タイムは別にしても、前半を抑えて走ると後半でスピードが出せることはわかるのではないでしょうか。それはＱちゃんも気がついていなかったように、自分の力を最大限に発揮できる走り方なのです。

一度、これまでの自分の走りを見直してみてください。30キロ過ぎから一番速く走るようなレースをしたことがなければ、後半型の走りを試してみる価値はあるはずです。

後半型で走ると、きっと自己ベストが出せるようになります。

それは、後半型の走りがマラソンを速く走るコツだからです。

■なぜ後半型がマラソンに向いているのか

マラソンのペース配分について、もう少し説明します。

このペース配分というのは、細かく分けるといろいろありますが、一般的にはだいたい次の3つになるでしょう。
①平均ペース型
②先行型
③後半型
では、この3つの中でなぜ後半型がマラソンに適しているのか。つまり、なぜ後半型で走ると自己ベストを出しやすくなるのか。それを考えながら、ひとつずつ特徴をみていきます。

①平均ペース型

平均ペース型というのは、文字どおり42・195キロを一定のペースで走り続けようとするものです。たとえば、5キロを28分20秒のペースで走り続ければ、ゴールタイムは3時間59分06秒。つまり、このペースでちょうどサブ4が達成できることになります。

こうした基準となるペースを考えるのは、マラソンでは基本です。目指す記録があるときに、どんなペースで走ればその記録を達成できるのか、それを知っておかないと練習の目標が定まらないからです。

ただし、この平均ペースはあくまで基準として使うもの。練習では使えても、本番のレースでは使えません。ずっと一定のペースで走り続けるのは現実的ではないんです。

それは、マラソンがロードレースだから。トラックのレースと違って、ロードレースは条件がどんどん変わっていく。コースは一直線ではないし、アップダウンもある。風上に向かって走るときもあれば風下に向かうときもある。つまり、マラソンでは途中でペースが上がったり下がったりするのが当たり前なんです。

そうした中で「平均ペースを守って走る」とどうなるか。

そういう人は、時計ばかりをみて走ることになります。そして、アップダウンや風向きの影響でペースが変わったときに「今の5キロは遅かったから、次の5キロで取り戻そう」という考え方をする。でも、次の5キロには上り坂が待っているかもしれません。そんな中でタイムを取り戻そうと頑張ったら、きっと疲れてしまうでしょう。

また、マラソンが42・195キロも走るレースであることも、一定ペースで走り続けることを難しくしています。体力を一定に維持できない。距離が長いので、前半と後半で体の状態が変わってしまうのです。

人間の体は、30キロ以上走るとどうしても疲労がたまってきます。スタートしたときのペースを30キロ過ぎでも続けられるかどうかは誰にもわかりません。とくに自己ベストを狙うペースでスタートしたとなると、終盤でそのスピードを維持するのはきっと難しいでしょう。

だから、レースを最初から最後までずっと平均ペースを守って走ろうという考えには無理がある。自己ベストを狙う上で、あまり適していないペース配分といえるのです。

②先行型

では、先行型ならどうでしょう?

実はこのペース配分が、市民ランナーにもっとも多いパターンです。前半で飛ばせるだけ飛ばして「タイムの貯金」をつくり、後半で粘れるだけ粘って好記録を目指す。スタート地点に立ったときから「よし、最初の1キロから自己ベストでいくぞ!」という走りがこの先行型です。

気持ちはわからないでもありません。ひょっとしたら、最後までバテずに走りきれるかもしれない。そうしたら、すごくいいタイムになる——。そう考えたくなるんですね。けれどもこれは無茶というもの。無謀な走りというものです。

この先行型の一番の問題は、「勘違い」することです。ランナーは、走り始めて40分ほど経つと、血液の循環がよくなってふっと体が軽くなるときが来ます。大会前にしっかり練習を積んだ人ならだいたい10キロ過ぎで「あれ、なんだか調子がいいぞ」と思えるときが来る。あまり練習できなかった人なら8キロくらい。いずれにしても、体も気持ちも上向いて「これなら、前半でタイムを稼げる」と思って飛ばしてしまいます。

でも、これが勘違い。そのまま飛ばすと、必ず手痛いしっぺ返しが待っています。後半で脚が動かなくなって、急にペースダウンする。歩いてしまうこともあるでしょう。そうなれば15分や20分くらいはすぐにロスします。前半の貯金なんてあっという間に消えてしまい、場合によっては完走もできません。

自己ベストというのは、一か八かで狙うものではないでしょう。戦略を立てて、計画的に走ったほうが実現しやすいはずです。先行型というのはギャンブルのような走り方で、目標達成を目指すときにはおすすめできないものです。

③後半型

こうして考えていくと、後半型の走り方がマラソンに適していることがわかってくるのではないでしょうか。

この走り方は、前半は楽に走ってエネルギーを温存し、徐々にペースを上げながら、後半でもっとも速く走ろうというもの。僕はよく「35キロで最速になるように」とアドバイスします。そのための鉄則が、前半をゆっくり走ること。体が軽くなって「調子がいいぞ」と思っても飛ばさないことです。

マラソンは30キロ過ぎからが勝負というのは、今では誰もが知っている言葉です。30キロから先は、体に何が起きるかわからない。だから、トップランナーになればなるほど30キロから先が怖いんです。Qちゃんが名古屋で30・5キロからスパートをかけても誰もついてこなかったのは、あのスピードについていったら自分の体がどうなるかわからないから。脚がパタンと止まってしまうかもしれない。その怖さをよく知っているからついていけなかったんです。

後半型の走りというのは、その怖い30キロ過ぎで勝負するために前半で力を使わない走り方です。前半をゆっくりしたペースで走って、「体力の貯金」をする。この貯金によって自己ベストがみえてくるんです。

でも、市民ランナーの多くは前半で「体力の貯金」をしないで、「タイムの貯金」をしようとします。つまり、先行型で走ろうとする。

タイムというのは、前半でどんなに貯めてもせいぜい2～5分です。やっとの思いでそれだけ貯めても、30キロ過ぎで歩いてしまったら何分ロスするかわかりません。タイムというのは前半で貯めれば貯めるほど、後半でその何倍も吐き出すことになるんです。

一方、体力の貯金はその逆。前半で貯めておけば、必ずゴールまで走らせてくれます。しかも、貯めた体力を上手に使えば、一番つらい後半を速く走らせてくれる。だから、自己ベストを出せるんです。

ひとつ補足しておくと、終盤で歩いてしまうようなランナーが初級者ばかりだと思ったら大間違いです。大きな大会をみにいくと、かなり上位で走ってきた人たちが30キロ過ぎでたくさん歩いています。それこそサブ3を狙うようなランナーは、前半で少しでもタイムを稼ぎたいと思うので、無理をしがちなんですね。

初級者でも上級者でも、大切なのはまずは42・195キロを完走できる走りをすること。それを高い次元で行うのが後半型という走り方であり、マラソンに一番適した走り方なんです。

40キロを8分割してレースを組み立てる

初マラソンの5時間26分から約3年でサブ3・5（3時間30分切り）を達成した、ひとりのお医者さんの話をします。

その人とは、マラソン講習会の『小出道場』で出会いました。小出道場というのは、僕がアマチュアランナーに3カ月分の練習メニューを提供して自己ベストを更新してもらおうという企画で、年に数回、応募者の中から4～5人のランナーを選考してアドバイスを送っていたものです（2012年で終了）。

当時その人は、マラソン歴1年4カ月で、年齢46歳。ベストタイムは2回目のマラソンで出した4時間22分だったので、それを3カ月でサブ4にもっていく計画でした。

練習メニューを渡すと、彼は一生懸命に練習を始めました。お医者さんだからいろいろと体のことはわかっています。心拍数や筋肉、それに食生活もきちんと管理して、毎日スクワットや腹筋運動も行ってサブ4を目指していました。

練習を始めて3カ月後。残念ながら、彼は目標にしていた大会でサブ4を達成することができませんでした。お医者さんは忙しいから、まとまった時間を練習に使うのは難しかったのでしょう。

それでも小出道場を卒業してすぐにサブ4を達成し、その後も大会に出場するたびに結果を僕に送ってくれるようになりました。記録が伸びていく様子を報告してくれていたもので、ときにはレポート用紙で十数枚も送ってくるんですから、本当にマラソンが好きな人です。

せっかく送ってくれるので僕も目を通すようにしていたら、あるとき「この人はよく考えているなぁ」と感心する内容が書かれていました。

どういうことかというと、走る前に40キロを8分割して考えていたんです。40キロを5キロごとに8つに分けて、その8つの区間をどういうペースでつなげて走ればいいか、そのペース配分を考えて走っていました（実際は最後の2・195キロを入れて9分割）。

その彼が実行していたペース配分が、後半型の走りです。8つの区間のひとつめからゆっくり走り始め、余裕を持ちながら少しずつスピードを上げていき、35キロあたりで一番頑張る。この走り方でサブ3・5も達成したんです。

そのサブ3・5を達成したときのレポートが手もとにあるので、ちょっと紹介しておきましょう（大会は2010年つくばマラソン）。

0～5キロ……………25分16秒
5～10キロ……………24分54秒
10～15キロ……………25分06秒
15～20キロ……………24分38秒
20～25キロ……………24分22秒
25～30キロ……………24分36秒
30～35キロ……………25分27秒
35～40キロ……………23分22秒（※ここからペースアップ）
40～42・195キロ……11分09秒（5キロ換算で25分24秒）

多少の波はあるものの、前半から後半へと少しずつペースアップしているのがわかるでしょう。とくに最初の5キロは25分16秒もかけている。サブ3・5の達成には5キロ24分35秒ペースが必要なので、このままではサブ3・5は実現できません。つまり、意識的にゆっくりスタートしたことがわかります。

そして、何よりも一番いいのは終盤の「35～40キロ」の区間を飛ばしていることです。

ここは本来なら一番苦しい区間。それなのに8区間で最速の23分22秒で走っている。前半で脚に力を残しておいたからできたことで、結果、トータル3時間28分50秒で見事にサブ3・5を達成しました。

レポートには、ゴールした後に感動で涙があふれてきた、と書かれていました。40キロを過ぎてからの最後2・195キロのタイムをみると明らかにペースが落ちているので、きっとここは苦しかったに違いありません。それを頑張ってゴールまで走りきったことで感動が生まれたのでしょう。

ランナーは、最後の残り2キロは苦しくても頑張れるんです。その頑張りが、後半型の走りの総仕上げ。最後の最後まで追い込むのは苦しいけれど、ゴールが近いから頑張れる。全力を出しきれたときは、うれしいものです。

実は、彼がサブ3・5を目標にしていたのには、理由がありました。初めて会ったときに僕が口にした言葉を覚えていたというんです。

「いい走りをしてるねぇ。それだったら3時間半は切れるよ」

きっと僕は、何気なくみたままのことを言ったんだと思います。その言葉を彼は励みにしてくれていた。それでレポートも送り続けてくれたのでしょう。

このレポートが示しているのは、前半のゆっくりしたペースから徐々にペースを上げていけば、必ず後半の苦しい区間で速く走れるということです。それが後半型の走り。初マラソンで5時間26分もかかっていた人でも、3年で2時間も速く走れるようになる。その様子を実例として示してくれています。

では、こうした走りをするためには、どういう練習をしたらいいのか。なぜ、一番苦しい30キロ過ぎで一番速く走れるようになるのでしょう。

次の章からは、具体的な目標として「サブ4」（第2章）と「サブ3」（第3章）を想定し、そのための練習メニューをみていきます。

なお、サブ3を目指す人も第2章から続けて読んでもらうと練習の流れがわかりやすくなります。この章には、後半型の走りの根幹となる説明を記したので、「マラソンのコツ」の基本がわかると思います。また、サブ4を目指す人も第3章に目を通してもらうと、さらに理解が深まるはずです。

第2章　後半型で走るための考え方と練習方法

——サブ4を例に説く「マラソンのコツ」

マラソンを一度でも完走したことがあるランナーにとって、次の目標になるのがサブ4です。この第2章では、このサブ4達成を例に、後半型の走りの「基本」を説明していきます。

基本の部分をあつかっているので、サブ3を目指している人にも参考になる話が出てきます。特に1項「サブ4の練習テーマは『脚』をつくること」と2項「サブ4達成メニューのルール」の部分。ここだけは目を通すようにしてください。

ところで、サブ4という目標ですが、僕は「誰でも達成できる」とよく言っています。マラソンの練習さえしっかり積めば、4時間は必ず切れます。

ただひとつだけ、太っている人はちょっと難しいのですが、そういう人も体重を落としさえすれば達成できるのがサブ4という目標です。

では、そこまで僕が言いきる理由を、サブ4を達成するための3カ月メニューを紹介しながら、ひとつひとつ説明していきましょう。

（1）サブ４の練習テーマは「脚」をつくること

■サブ４は「脚づくり」だけでいい理由

まず、僕が「サブ４は誰でも達成できる」と言った理由を、きちんと説明しておきます。どうしてそこまではっきりと言いきれるのか？　それがわかれば、きっと練習にも自信を持って取り組めるようになるでしょう。

その理由というのは、簡単に言うとタイムにあります。

みなさんがこれまでマラソンを完走したときのタイム、それを思い出してみてください。だいたい４時間30分前後だったり、あるいは５時間前後だったりするのではないでしょうか。これからサブ４を目指そうというランナーですから、きっとそういうタイムの人が多いと思います。

では、５時間前後かかったタイムを例に、そのレース内容を少し考えてみましょう。

マラソンで５時間という完走タイムは、平均で１キロ７分以上かけて走るペースです。

正直言って、これはとても遅い。こうしたゆっくりしたペースのままで、スタートからゴールまでトコトコ走る人はまずいません。

きっと、この人はもっと速いペースで走っていたはずです。けれど、途中でそのペースを維持できなくなった。極端にペースが落ちたり、歩いたり、あるいは立ち止まってしまったり……。それで、トータルすると5時間前後というタイムになってしまったのだと思います。

では、スピードを維持できなかった原因は何か？

それは、脚です。42・195キロを走りきれる脚ができていなかったのです。

間違えてはいけないのは、呼吸が苦しくなったせいではないということ。呼吸というのは、苦しくなってもちょっとペースを落とせば楽になるので、5時間かかることはありません。極端にペースが落ちたり、歩いたりするのは、呼吸が原因ではなく、脚が動かなくなったとき。レースの後半になって脚に疲労がたまって動かなくなったときに、大きくタイムをロスして5時間前後もかかってしまうのです。

だから、サブ4を目指すランナーに必要なのは、脚をつくること。42・195キロを走りきれる脚をつくることが、サブ4のための練習テーマになります。

ところで、マラソンの練習にはこの「脚づくり」のほかにもうひとつ、鍛えるべき場所があります。それは「心肺の強化」。先ほどの呼吸の部分です。

マラソンの練習というのは、「脚」と「心肺」の2つを鍛えるものと考えて間違いありません。それぞれ鍛え方に違いがあって、脚は長い距離を走って鍛え、心肺は短い距離を速く走って鍛えます。

サブ4は誰でも達成できると言ったのは、この2つある練習のうち、とくに脚を鍛えるほうを頑張るだけで十分だからです。

なぜそれで十分かは、先ほどのみなさんの完走タイムを考えればわかるでしょう。脚さえ止まらなければ5時間もかからなかったはず。きっと4時間そこそこのタイムで完走していたはずです。

だから、大丈夫。まずは42・195キロを走りきれる「脚づくり」に励めば、その練習の中で「心肺」も同時に鍛えられ、サブ4は十分に達成できるようになります。

なお、サブ3やサブ3・5については次の第3章で説明しますが、「心肺」を中心に鍛えていきます。サブ4との違いは「脚」と「心肺」のどちらに重点を置くか。いずれの場合も「脚」と「心肺」の両方が鍛えられるので、目標達成の可能性は高くなるのです。

■「序盤の1キロ」と「終盤の1キロ」の大きな誤解
タイムについて、ひとつ解いておきたい誤解があります。

たとえば、それはこんなものです。

「ハーフマラソンを1時間45分で完走できた。タイムを2倍すれば3時間30分だから、自分はこのタイムでフルマラソンを走れるんじゃないか？」

残念ながら、これは間違い。フルマラソンとハーフマラソンは、まったくの別物です。

なぜなら、ハーフマラソンで走る21キロくらいの距離なら、ランナーの脚は最後まで止まらないから。フルマラソンの最大の難所が30キロ過ぎにあるのに、ハーフマラソンにはその部分がありません。だから、ハーフマラソンのタイムを2倍にしても意味がないのです。

こうした間違いは、マラソンを走ったことがある人ならすぐに気づくことでしょう。でも、マラソンを完走したことがある人でも、ちょっと状況が変わると同じような間違いをよくします。

たとえば前回のマラソンで4時間30分かかった人が、次のレースでサブ4を達成したいと思ったときに、どういう考え方をするでしょうか？　多くの場合、こんな感じです。

「42キロ走って30分オーバーしているんだから、21キロで15分縮めればいい。10・5キロなら7分30秒で、5・25キロなら3分45秒。突き詰めれば1キロごとにだいたい45秒縮めて走ればいいんだ」

どこがおかしいか、わかるでしょうか？　答えは序盤の1キロと終盤の1キロを、同じ1キロとしてあつかっていること。こういう計算をする人は、次もまたスタートから飛ばし、結局、最後までスピードを維持できずに失速してしまいます。

マラソンでは、同じ1キロでも前半と後半では別物として考えなければなりません。これは、絶対に忘れてはいけないこと。マラソンの肝の部分です。

元気にスタートした前半と、苦しくなる後半とでは、1キロの重みが違います。だから、前半はゆっくり走り、後半で速く走ることに意味があります。元気な前半で力を残し、苦しくなる後半でその力を使って速く走るのは、マラソンに適した考え方なのです。

マラソンで失敗しないために大切なことはひとつだけ。常に後半をどう走るかを考えておくことです。

（2）サブ4達成メニューのルール

3カ月メニューの5つのルール

では、サブ4のための3カ月メニューについて説明していきます。

まずは注意点から。僕がアマチュアのみなさんにメニューをつくるときのルールについて触れておきます。これはサブ3のメニューでも変わりません。

一番大切にしているのは、日々の生活に無理のない練習メニューをつくることです。

みなさんは、1週間の中でどれくらいの時間を練習に使えるでしょうか？

サラリーマンの人であれば、「朝、早起きして1時間」とか、「夜、帰宅してから1時間」とか、なかには「会社の昼休みに30分と、あとは週末」というような人もいるでしょう。自営業の人や学生さん、あるいは定年退職した人であれば、もっと自由に使える時間があるかもしれません。

生活パターンは人それぞれなので、僕が個人向けにメニューを組むときにはなるべく個々の事情に合わせて組むようにします。1時間しか走れない人に2時間分のメニューをつくっても実行できないので、メニューづくりというのはなかなか悩ましいものなんです。

そこで、この本ではもっとも時間をつくりにくそうなサラリーマンの生活をベースにして練習メニューを組みました。平日は1時間くらいなら走れる、あとは週末なら長めの練習時間をとれる、という想定です。

その上で、メニューづくりの基本ルールをまとめておくと、だいたい次の5項目になります。

1. 1週間に3日、脚や心肺に負荷をかける練習日（ポイント練習の日）をつくる。残り4日のうち2日はジョギングで、2日は休み。
2. 平日の練習時間はだいたい60分。うち1日はポイント練習日にする。
3. 土日はともにポイント練習日。うち1日は長い距離を走る。
4. 3カ月のうち、最初の10週を通常練習、最後の3週を調整練習の期間とする。
5. 通常練習の10週間は2週ごとに強度を強め、逆に調整練習の3週間は1週ごとに強度を弱める。

具体的な説明は実際にメニューをみながら触れていきますが、これらが3カ月メニューの土台となるルールです。どうでしょう？　1週間に2日の休みがあるので、それほどきつくないはずです。まずは、ゆっくり取り組んでみてください。

なお、最初にルールについて触れたのには、理由があります。

それは、このルールを踏まえて自分の生活に合ったメニューに組み直してほしいということ。休みが水曜日と日曜日の人なら、もちろんポイント練習をこの2日に行うのがいいでしょう。また、雨が降って走れない日ができれば、これも変更する必要が出てきます。そうしたときにこの基本ルールに照らして考えると修正がしやすくなるはずです。

修正するときに大切なのは2つ。週に3日は負荷をかけた練習をすること。そして、そのうち1日は長い距離を走ること。これはサブ4の一番大切な練習です。

これがわかっていればメニューを組み直しても効果は変わらないので、状況に応じて変更してください。メニューはあくまでひとつの例です。

後半型を実現するための「2つのスピード」

もうひとつだけ、メニューに関するルールの話をしておきます。

それは、これから紹介する練習メニューが、後半型の走りでサブ４を達成するためのものであること。「後半型」というところに練習の特徴があるということです。

そこで、後半型でサブ４を達成するために必要な「２つのスピード」について事前に押さえておきます。

①「基準タイム」を知っておく

ひとつは、基準になるスピードについて。目標とするゴールタイムを達成するには、どれくらいのスピードが必要なのか？　まずはこれを押さえておかなければなりません。

サブ４達成のために最低限必要なスピードは、１キロ５分40秒ペース（５キロ28分20秒ペース）です。

これが、サブ４の基準になるペース。

仮にこのペースで最初から最後まで走り続ければ、３時間59分06秒でゴールでき、サブ４がギリギリ達成できます。もちろん、一定のペースで42・195キロをずっと走るのは難しいので、あくまで基準のタイムとして押さえておきます。

②「後半型のタイム」とは何か？

次に、後半型の走りでサブ４を目指すには、どんなスピードが必要なのか？

これは、ひとつの数字では表せません。後半型の走りというのは、前半をゆっくり、後半で速く走るもの。だから、スピードは変わります。

問題は、前半をゆっくり走るの「ゆっくり」がどれくらいで、後半で速く走るの「速く」がどれくらいかということです。ここで、先の基準タイムが参考になります。

ゆっくりというのは、「基準タイムの1キロ5分40秒に対してゆっくり」ということ。

当然、そのままのペースで走ればサブ４は達成できないので、どこかでそのマイナス分を取り戻さなければなりません。それが後半の速いスピード。「基準タイムの1キロ5分40秒よりも速いスピード」が必要になるということです。

そこで、練習では後半に必要になる1キロ5分40秒を切るペースで走っておく必要が出てきます。ここが大事なところ。

練習では、たとえば20キロないし30キロという距離なら5分40秒を切って走れるようになることを目指します。42・195キロを通して走れるようになる必要はありません。20～30キロでいいんです。そういう走力を身につけていくのが、「後半型の走り」のための練習です。

今回は、サブ4の基準タイムである1キロ5分40秒よりも10秒速い「5分30秒」で走れるようになることを目指してメニューを組みました。このスピードを身につけることが、これから紹介する練習メニューの目的です。

たとえば、練習メニューの1週目には次のような項目が出てきます。

「長く走る15～20キロ　スタートはゆっくり、最後1～2キロ速く」

この最後の「速く」のところは「1キロ5分30秒」よりもさらに速いペースで走ってほしいのです。5分30秒ペースで走るのではなく、それよりも速くです。

え？　と思うかもしれませんが、1キロ5分30秒で20～30キロ走れるようになりたいのですから、最後の1～2キロくらいの距離ならばそれ以上のスピードで走れなければ練習になりません。

メニューに出てくる「速く」や「全力」というのは、そうした意味で1キロ5分30秒よりも速いスピードということを意識しておいてください。

■一番苦しい30キロ過ぎを一番速く走れるようになる理由

では、この「1キロ5分30秒」というスピードを身につけると、本当にサブ4を達成できるのでしょうか?
そのイメージを別表に載せました。30キロ以降の終盤を「5分30秒ペース」で走るもので、基準タイムの「5分40秒ペース」で走ったとき(平均ペース型)と比較しながら、サブ4の達成をシミュレーションすると以下のようになります。

平均ペース型

スタート〜ゴール………基準タイムの「1キロ5分40秒」で走り続ける
(完走タイム3時間59分06秒)

後半型

スタート〜15キロ……基準タイムより10秒遅い「1キロ5分50秒」で走る
15〜30キロ…………基準タイムの「1キロ5分40秒」で走る
30キロ〜ゴール………基準タイムより10秒速い「1キロ5分30秒」で走る
(完走タイム3時間59分35秒)

「後半型」の走りで目標を達成するペース例
(平均ペースとの比較)

	サブ4		サブ3	
	平均ペース型	後半型	平均ペース型	後半型
0〜5km	28'20" (5'40")	29'10" (5'50")	21'15" (4'15")	22'05" (4'25")
5〜10km	56'40"	58'20"	42'30"	44'10"
10〜15km	1°25'00"	1°27'30"	1°03'45"	1°06'15"
15〜20km	1°53'20"	1°55'50" (5'40")	1°25'00"	1°27'30" (4'15")
20〜25km	2°21'40"	2°24'10"	1°46'15"	1°48'45"
25〜30km	2°50'00"	2°52'30"	2°07'30"	2°10'00"
30〜35km	3°18'20"	3°20'00" (5'30")	2°28'45"	2°30'25" (4'05")
35〜40km	3°46'40"	3°47'30"	2°50'00"	2°50'50"
〜42.195km	3°59'06"	3°59'35"	2°59'20"	2°59'48"

後半型の例として、序盤15kmを平均ペースより10秒遅く走り、中盤で平均ペースに戻し、終盤でさらに10秒ペースアップしたときでも目標を達成できることを示している。
【例:サブ4の場合】まず、1kmの平均ペース5分40秒でサブ4は達成できるのがわかる(3時間59分06秒)。後半型は、序盤はゆっくり5分50秒で入り、中盤は平均ペースと同じ5分40秒、終盤はペースアップして5分30秒でもサブ4が達成できるのがわかる。

【参考】	サブ3.5(サブ3時間30分)		サブ3.25(サブ3時間15分)	
	平均ペース型	後半型	平均ペース型	後半型
0〜5km	24'35" (4'55")	25'25" (5'05")	22'55" (4'35")	23'45" (4'45")
5〜10km	49'10"	50'50"	45'50"	47'30"
10〜15km	1°13'45"	1°16'15"	1°0'845"	1°11'15"
15〜20km	1°38'20"	1°40'50" (4'55")	1°31'40"	1°34'10" (4'35")
20〜25km	2°02'55"	2°05'25"	1°54'35"	1°57'05"
25〜30km	2°27'30"	2°30'00"	2°17'30"	2°20'00"
30〜35km	2°52'05"	2°53'45" (4'45")	2°40'25"	2°42'05" (4'25")
35〜40km	3°16'40"	3°17'30"	3°03'20"	3°04'10"
〜42.195km	3°27'28"	3°27'55"	3°13'24"	3°13'51"

どちらも机上の計算ですが、サブ4を達成しています。ただ、より実現性が高いのがどっちかといえば、それは明らかでしょう。

後半型の場合、練習で「5分30秒ペース」で走れる力を身につけているので、前半の走りにも余裕があります。たとえば序盤15キロをずっと「5分50秒ペース」でゆっくり走る必要はなく、「5分49秒や48秒」ぐらいになることもあるでしょう。

また、よくみると終盤の「5分30秒ペース」で走る区間は、短い12・195キロです（ほかは15キロ）。しかも最後の区間。だから頑張れます。

そして何よりも、5分30秒ペースで走れる力があるのに、終盤にさしかかるまでそれを抑えてきました。だから、一番苦しいはずの終盤30キロ過ぎを一番速く走れる。練習で蓄えた実力を、レースの最後で思う存分に発揮することができるんです。

一方、平均ペース型の場合、練習でも1キロ「5分40秒ペース」を目標に走っているので、このスピード以上の応用が利きません。スタート直後の混雑や、アップダウンなどによるタイムロスをカバーする力がなく、これでは目標の達成は難しいでしょう。

こうして比較すると、後半型の走りがどういうものか、わかりやすいのではないでしょうか。ポイントは、20キロくらいの距離であれば基準タイムより速いスピードで走れるように練習すること。サブ4では5分30秒ペースで走れるようにすることです。

これは、サブ3などでも同じ。別掲の表にはサブ3やサブ3・5の例も載せたので、参考にしてください。

（3）サブ4のための10週間の通常練習

それでは、ここからサブ4のメニューについてみていきましょう。

3カ月間の練習メニューは、大きく2つに分かれています。3カ月間というのはだいたい13週間（91日）なので、それを「通常練習10週間」と「調整練習3週間」の2つに分けました。最初の10週間で脚と心肺を強化し、最後の3週間でレース当日に走りやすい体をつくっていきます。

まず、ここでは通常練習の10週間について説明していきます。

10週間のメニューは2週間ごとに練習内容が変わります。走る距離や注意点についてはそれぞれの週のメニュー表に記しました。それをみてもらうとわかりますが、サブ4の練習メニューには次の5つの項目しか出てきません。

・休み
・ジョギング
・ビルドアップ
・タイムトライアル
・長く走る
つまり、この5つの項目にそれぞれどのように取り組めばいいかがわかれば、あとはみなさんがそれぞれのペースで練習できるはずです。

では、順番に「ビルドアップ」から説明していきます。

■通常練習①：ビルドアップという「後半型」の走り

ビルドアップという練習は、スタートはゆっくり入ってだんだんスピードを上げていくトレーニング方法をいいます。

ビルドアップというのは便利な練習で、スタートからゆっくり走る部分をウォーミングアップ代わりにもできます。暖かい季節なら家を出てそのまますぐに走り始められる。ゆっくり走り始めて体が温まってきたところで少しペースを上げる。その後、数キロ走った

サブ4のためのメニュー項目

■ジョギング

目的は2つ。ポイント練習の「前日」に走って脚の筋肉をほぐし、激しい練習に適応しやすくする。ポイント練習の「翌日」に走って疲れた脚の筋肉をほぐす。

■ビルドアップ

徐々にスピードを上げていく練習。序盤はウォーミングアップ代わりになる。終盤の「全力」は脚と心肺の両方に負荷をかけるもっとも重要な部分。

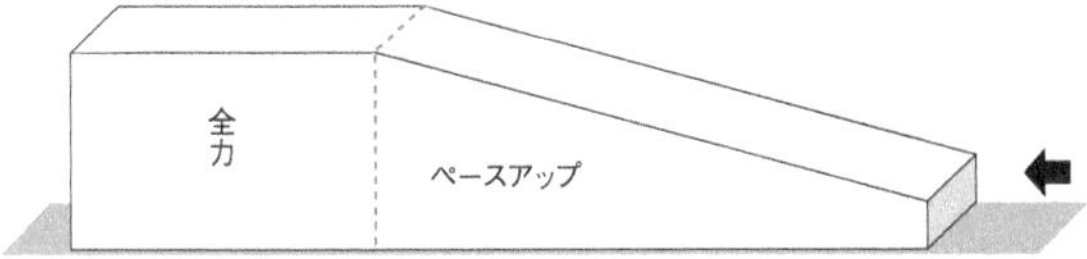

■タイムトライアル

スタートから「全力」で走る練習。そのため設定距離は短い。42.195kmを走るわけではないので、マラソンペースよりも速いペースで走りきるのが重要。

■長く走る

脚に負荷をかけるのが目的。週末を利用して20kmなど長い距離を走り、42.195kmを走りきれる脚をつくる。最後の数kmを「全力」で走るとなおいい。

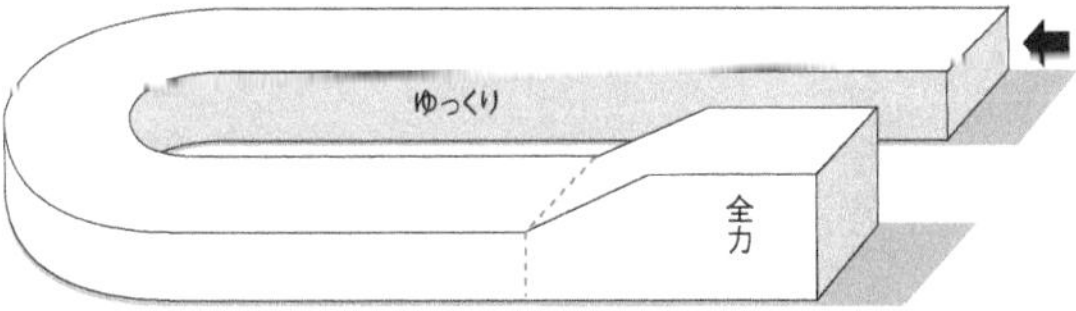

※調整練習ででてくる「ペース走」については99頁参照

らさらにペースアップし、最後は全力で走ればいいんです（冬場は少しウォーミングアップをしてから走ればいいでしょう）。

ただし、覚えておいてほしいことがひとつ。それは、10キロのビルドアップで、たとえば最初の4キロをゆっくり走ったら、本当に練習になったのは残りの6キロの部分ということ。10キロのビルドアップというのは、トータル距離の10キロで脚を鍛え、後半の追い込みでスピードの強化（心肺の強化）をする一石二鳥の練習ですが、最後をしっかり追い込まないと負荷のかからないただの6キロ走になってしまうので注意してください。

よく、「どれくらいの距離ごとにスピードを上げればいいのでしょう？」と聞かれますが、これは自分の感覚でいいんです。自分のタイミング、その日の調子でスピードを上げていき、最後は呼吸がゼーゼーハーハーいうくらいの全力走で追い込んで終了する。この最後の「全力」で走るところが大切なところです。

参考までに、佐倉アスリート倶楽部で実業団の女子選手たちがやっている練習を紹介しましょう。

たとえば、はじめにトータルの走行距離を12キロと決めておき、最初の1キロをだいたい4分で入るビルドアップがあります。選手たちは自分の走力がわかっているからタイム

サブ4: 通常練習 1〜2週目

1週目		2週目		メニュー	負荷
1	月	8	月	休み	
2	火	9	火	ジョギング:30〜40分　ゆっくりと	
3	水	10	水	ビルドアップ:10km	○
4	木	11	木	ジョギング:30〜40分　ゆっくりと	
5	金	12	金	休み(またはジョギング:20〜30分)	
6	土	13	土	タイムトライアル:5km※	◎
7	日	14	日	長く走る:15〜20km　スタートはゆっくり、最後1〜2km速く	○

※事前にジョギング15〜20分　◎負荷が最もキツイ日　○負荷がキツイ日

CHECK POINT

最初のポイント練習になるのが、水曜日の【ビルドアップ:10km】。この週のビルドアップの目的は2つです。①10kmという比較的短い距離で「脚づくり」を始めること。②後半を全力で走って「心肺の強化」を始めること。つまり、マラソン練習に必要な2つの要素を早速始めるものです。

一番大きな負荷がかかるのが、土曜日の【タイムトライアル:5km】。短い距離を全力で走ることで心肺を鍛え、サブ4で走れるスピードを身につけるのが目的です。5kmなので30分もかからないはず。1キロ5分30秒ペース(5kmで27分30秒)以上で走ることをめざします。なお、タイムトライアルは毎週のように行うので、コースを決めておくと便利。計測したタイムから、のちに自分の上達をみることができます。

日曜日は【長く走る:15〜20km】。長い距離を走って脚をつくるのは、サブ4の練習のメインテーマ。これから10週間、日曜日は脚づくりの日です。最後1〜2kmを全力で走ることで心肺の強化も行います。

は感覚でわかるし、トラックで練習するときは僕やコーチが時計をみているのでそれを伝えます。

1キロ走ったら次の2キロまでは10秒上げて3分50秒、3キロまではさらに10秒上げて3分40秒にし、3キロ以降は3分30秒をキープします。この時点で、もうかなりの負荷がかかっていますが、最後の1キロになったら「全力」です。選手たちはだいたい3分10〜15秒で上がってくる。呼吸をゼーゼーハーハーいわせるので、心肺が鍛えられます。

さすがにサブ4を目指す人は、ここまで追い込む必要はありませんが、これがビルドアップというもの。最後をしっかり追い込むという点を参考にしてください。

■通常練習②：2週ごとに負荷を強めるということ

ところで、5つの基本ルールで書いたように、通常練習10週間では2週ごとに負荷を強めていきます。その様子をビルドアップを例に確認しておきましょう。10週間の練習がどのように進むのか、事前にみておくものです。

通常練習では、毎週水曜日にビルドアップを入れました。各週の内容を抜き出すと次のようになります。

サブ4：通常練習 3〜4週目

3週目		4週目		メニュー	負荷
15	月	22	月	休み	
16	火	23	火	ジョギング:30〜60分　ゆっくりと気持ちよく	
17	水	24	水	ビルドアップ:60分　10km以上走る	○
18	木	25	木	ジョギング:30〜40分　ゆっくりと	
19	金	26	金	休み（またはジョギング:20〜30分）	
20	土	27	土	タイムトライアル:5km+3km※	◎
21	日	28	日	長く走る:20〜25km　スタートはゆっくり、最後5km速く	○

※事前にジョギング15〜20分　◎負荷が最もキツイ日　○負荷がキツイ日

CHECK POINT

前週のビルドアップは「10km」というキロ表示だったのが、この週から【ビルドアップ:60分】というように時間表示にしました。これは「10km以上走ってほしい」という意味。前の週よりもかける負荷を強めていくのが基本ルールなので、無理のない範囲で追い込みます。ビルドアップでは、どれだけ追い込めるかは自分次第。2週間あるなかでも前の週より次の週は追い込むようにします。

土曜日の【タイムトライアル:5km+3km】は、まず5kmを全力で走って心肺をしっかり追い込みます。ゼーゼーいわせながら走りきる。その後、休憩して呼吸を整えてから3kmの全力走で追い込みます。一度に8km走るよりも、短い距離に小分けすることで、より速いスピードで追い込めるはずです。

日曜日の【長く走る:20〜25km】は、いよいよハーフの距離になります。長い距離を走っていると、ふと、自分の脚が軽く感じる地点があるはず。だいたい10km前後。ここで調子にのってスピードを出すと、終盤5kmでの追い込みに差し支えます。ランナーズハイの罠を意識的に体験しておくと実際のレースで役立ちます。

ビルドアップ
【1〜2週目】10キロ走
【3〜4週目】60分走（10キロ以上走る）
【5〜6週目】60分走（前週よりも追い込む）
【7〜8週目】60分走（スタートから速め、後半も追い込む）
【9〜10週目】60分走（スタートから飛ばしていく）

最初の1〜2週目のみ10キロとし、あとはすべて60分。では、なぜ最初の1〜2週目だけが「10キロ」という距離表示なのか、時間表示と距離表示の違いを説明しておきます。

練習での「距離」と「時間」の使い分けは、「距離＝脚の強化」「時間＝心肺（スピード）の強化」というのが前提です。

1〜2週目を「10キロ」と距離で設定したのは、まずは何分かかってもいいから10キロという距離を走って脚をつくってほしいということ。その上で3週目以降は60分という枠の中で「10キロ以上」走ってほしいということです。

なぜ、3週目以降は「10キロ以上」になるのかといえば、それは練習の強度は2週ごと

サブ4：通常練習 5〜6週目

5週目		6週目		メニュー	負荷
29	月	36	月	休み	
30	火	37	火	ジョギング:30〜60分　ゆっくり気持ちよく	
31	水	38	水	ビルドアップ:60分　3-4週（水）よりも追い込む	○
32	木	39	木	休み	
33	金	40	金	ジョギング:30〜40分	
34	土	41	土	タイムトライアル:5km×2回※	◎
35	日	42	日	ビルドアップ:20〜25km	○

※事前にジョギング15〜20分　◎負荷が最もキツイ日　○負荷がキツイ日

CHECK POINT

この週はこれまでの木曜日と金曜日の内容を入れ替えました。木曜日が【休み】で、金曜日は【ジョギング:30〜40分】です。理由は土曜日のタイムトライアルを走りやすくするため。前の日に少し走っておくと、筋肉がほぐれてスタートから全力で走りやすくなります。一度それを感じてもらうためのものです。なお、これまでジョギングを木曜日にしていたのは、水曜日のビルドアップで疲れた脚の筋肉をほぐすためでした。ジョギングにはポイント練習の「前の日」と「後の日」で違う役割が期待できることを覚えておくと便利です。

日曜日の内容が少し変わりました。前回まで「長く走る」としていたものが【ビルドアップ:20〜25km】になりました。距離的には前の2週間も「20〜25km」であり、しかも終盤5kmを追い込んでいたので変わりはありません。ただ、内容がビルドアップになったことで、より中盤でのスピードが求められているのがわかると思います。序盤をゆっくり走って体が温まったら、徐々にスピードを上げていきます。10km前後で訪れる「ランナーズハイの罠」に気をつけるのもポイント。ここでオーバーペースにならない癖をつけるように心がけます。

に強めていくのが基本ルールだから。同じビルドアップであれば1〜2週目よりも3〜4週目は長い距離を走って負荷を強くしていきます。5〜6週目以降も同じ。同じ60分でも内容的にハードになっているのが、カッコの中の注意書きをみればわかるでしょう。

こうして3〜4週目以降は常に10キロ以上走って「脚づくり」をし、それを60分以内で行うことで「心肺の強化」にもつなげていきます。それが、10週間、毎週ビルドアップを走る理由です。

なお、「60分（1時間）で10キロ」というのは、サブ4を目指す上ではどうしても必要になるスピードです。サブ4というのはだいたい「4時間で40キロ」ですから、1時間で10キロ以上走れなければ達成できません。しかも、練習では40キロ走るわけではなく、10キロでいいんです。その10キロで60分以上かけて走っているようでは、「ゆるい練習」と言わざるをえないでしょう。

だから、慣れてきてメニューの負荷が足りないと思ったら、自分で内容を変えてもいいんです。実力が上がっているのにメニューどおりに走っていたら、これも「ゆるい練習」。メニューを変えるときには、70分、80分、90分などと走る時間を長くするよりも、時間は60分なら60分で一定にして、ペースアップの幅を上げていくといいでしょう。たとえば、

サブ4: 通常練習 7〜8週目

7週目		8週目		メニュー	負荷
43	月	50	月	休み	
44	火	51	火	ジョギング:30〜60分　気持ちよく	
45	水	52	水	ビルドアップ:60分※　スタートから速め、後半も追い込む	◎
46	木	53	木	休み	
47	金	54	金	休み(またはジョギング:20〜60分)	
48	土	55	土	タイムトライアル:5km×2〜3回(または同10km×1回)※	◎
49	日	56	日	気持ちのいい平均ペースで:25〜30km	○

※事前にジョギング15〜20分　◎負荷が最もキツイ日　○負荷がキツイ日

CHECK POINT

水曜日の【ビルドアップ:60分】は、スタートから少し速いスピードで入ります。そのため、事前にウォーミングアップをしてください(※印)。前週日曜日に同じビルドアップで20〜25kmを経験しているので、10kmなら初めから速く入っても耐えられるはず。前週の中盤以降の状態になるだけです。

土曜日は【タイムトライアル:5km×2〜3回】または【タイムトライアル:10km】としました。もちろん前者のほうがきつい。7〜8週目ともなると体に疲れが出ているころ。実力的に難しいと思ったら、メニューの負荷を軽くします。逆にメニューが軽く感じたら負荷を少し重くしてもかまいません。練習にメリハリが出ます。

毎週長い距離を走る日にしている日曜日に、これまでで最長の30kmを設定しました。【気持ちのいい平均ペースで:25〜30km】としたので、まずはしっかり長い距離を走って脚をつくります。7週目に25km、8週目に30kmでもいいので、とにかく30kmを走るように心がけます。25kmのときは、終盤を速く走って呼吸を追い込むと心肺が鍛えられます。

それまで10分ごとに5秒ぐらい上げていたペースを、10秒ぐらい上げていく。そうやって、負荷の強度を上げていくとしっかり鍛えられます。

■通常練習③：必ず週に1回「長い距離を走る」

毎週日曜日に入れたのが、「長く走る」などの20キロ以上を走る練習です。

「長く走る」というのは一般的には「ＬＳＤ」（Long Slow Distance）と呼ばれており、長い距離を時間をかけてゆっくり走るものです。でも、僕はこのＬＳＤという練習方法はあまり使いません。それは「長く走る」と記したメニューの最後に、必ず「最後１～２キロは速く」などと書いていることからもわかるでしょう。

つまり、20キロ走であっても最後の１～２キロはビルドアップのように全力走で終わりたいんです。そうやって、20キロというトータル距離で脚をつくり、さらに最後の全力走でスピードを強化していく。ゆっくり走るだけのＬＳＤではこの両立はできません。こうやってちょっと工夫を加えることで、後半型の走りを効率的に身につけていきます。

サブ４達成のポイントが「距離を踏むこと」にあることは、最初に話しました。距離を踏むことで脚がつくられて、42・１９５キロを走りきれるようになる。それさえできれば

サブ4：通常練習 9〜10週目

9週目		10週目		メニュー	負荷
57	月	64	月	休み（またはウォーキング:30〜40分）	
58	火	65	火	休み	
59	水	66	水	ビルドアップ:60分※　スタートから飛ばしていく	○
60	木	67	木	休み	
61	金	68	金	ジョギング:30〜50分	
62	土	69	土	タイムトライアル:5km×2〜3回（または同15km×1回）※	◎
63	日	70	日	ビルドアップ:25〜30km※　レースのようにがんばる	◎

※事前にジョギング15〜20分　◎負荷が最もキツイ日　○負荷がキツイ日

CHECK POINT

月曜日に【休み（またはウォーキング:30〜40分）】としたのは、とくに10週目（64日目）に「ウォーキング」を行うことを意識しています。前日に当たる9週目の日曜日（63日目）に25〜30kmのビルドアップを入れているため、翌日に少し脚を動かしたほうが筋肉がほぐれて体調がよくなるという判断です。脚に疲れが残っていると感じたならば、休まずにウォーキングなり軽いジョギングに出ることをおすすめします。

通常練習もいよいよ最終週です。この週のメインの練習になるのは、日曜日の【ビルドアップ:25〜30km】。注釈に「レースのようにがんばる」と書きました。「レースのようにがんばる30kmのビルドアップ」というのは、つまり「後半型」の走りの予行練習のようなもの。30kmの長丁場ですが、スタートをゆっくりめのスピードで入って、だんだんペースを上げていき、後半ないし終盤は序盤に蓄えた力を使ってしっかり追い込みます。フルマラソンのレースで脚が止まるのは30km過ぎ。この練習は30kmまでしか走らないので脚が止まることはありません。だから、怖がらずに飛ばしてみましょう。「後半型の走り」をまずは30kmで体験しておくものです。

サブ4は誰でも達成できると言いました。

その意味で、週に一度の日曜日はもっとも大切な練習日です。もしも、この日に何かの用事で走れなかったときには、できれば代わりの日に長い距離を走ってください。練習メニューでは、最終9～10週目の日曜日に「ビルドアップ25～30キロ」を設定しています。このときまでに25～30キロをしっかり走れるようになっているのが、ひとつの目標。そのために毎週きちんと走り込んでいきたいのです。

20キロや30キロという距離は、トップランナーになると練習で何度も走る距離です。Qちゃんは毎月1200キロ以上も走っていました。多い日は1日に80キロも走る。これは相当な練習量で、だから強かった。練習は嘘をつかないんですね。

でも、本当の意味で「練習が嘘をつかない」ということを、僕はあとになって知りました。ここでちょっと、そのときの話を紹介しておきます。

それは、Qちゃんが現役を引退したあとのこと。佐倉アスリート倶楽部の選手たちと練習に行った場所で、偶然に彼女に会ったときのことです。そのとき僕がQちゃんに「選手たちに何かアドバイスしてよ」とお願いをしたら、こんな話をしてくれたんです。

「監督は今もたくさん走らせるでしょ？　それは私のときも同じでした。でも、私は最初、チームの中ですごく遅かったのでついていくのがやっとでした。だから、どんなにたくさん走ったあとでも、練習が終わってから必ず10分は余計に走るようにしたんです。朝と午後の2回ある練習で、その両方で余計に走っていました。そのうち、少し速く走れるようになってからは、みんなより20分多く走るようにしました。もっと慣れてきてからは、30分多く走るようにしました。最後のほうになると、練習が終わってから1時間は走っていました。私には素質がなかったから、そうやってみんなより多く走るしかなかったんです」

これは僕も知らなかった話です。Qちゃんは、こうやって速くなっていった。人知れず努力をしていたんですね。

「練習は嘘をつかない」というのはこういうことか、と僕はあらためて教えられた気持ちでした。

市民ランナーのみなさんは、走るのが仕事ではないし、休みの日にもやることがいろいろあると思います。でも、週に1日は長く走る日をつくってほしい。1週間に1回が難しいときは10日に1回でもいい。その積み重ねが、最終的に30キロくらい簡単に走れる脚をつくっていきます。この練習は嘘をつきません。

■通常練習④：タイムトライアルでつくる「スピード」

日曜日の「長く走る」練習が脚をつくる日だとしたら、毎週土曜日に入れた「タイムトライアル」はスピードを養うために欠かせない練習です。

タイムトライアルには、文字どおり新記録を目指すような全力の走りが求められます。「よーい、ドン！」でスタートしたときから全力で飛ばして、呼吸がゼーゼーいうまで追い込む。追い込んだ分だけ心肺機能が鍛えられてスピードがつく。サブ4のメニューの中では、もっともきつい練習といっていいでしょう。

この練習の目的をはっきりさせておきます。

それは、後半型の走りを身につけるために、1キロ5分30秒以上のスピードを体に覚えさせること。毎週土曜日のタイムトライアルの欄をみれば、1回に走る距離はだいたい5キロです。練習距離がとても短い。短い距離だからこそ出せるスピードがあり、そのスピードで練習するのが、タイムトライアルです。

タイムトライアルの要点は、とにかく全力で走ること。ここでいう「全力」というのは、あくまでも5キロや10キロといった、あらかじめ決めた距離を走りきる上での全力です。途中でバテて止まってしまっては練習になりません。これはオーバーペース。100メートルのダッシュではないので、距離を考えながらゼーゼーハーハーいって走りきることが大切になります。

ちなみに、僕が市立船橋高校の陸上部で教えていたときは、こんな練習をしていました。学校の近くに1周２５３２メートルのコースがあったんです。コースといっても街中の普通の道で、曲がり角もある。道幅は２人が並走できるくらいあったので、そこをガンガン走らせました。２５３２メートルというのは半端な距離ですが、毎回同じコースを使うので、それはそれでちゃんと基準になるんです。

生徒たちは最初のころは２キロの通過に６分10秒くらいかかっていましたが、３年生になるころには５分50秒前後で走れるようになりました。タイムトライアルでありながら最後の残り５３２メートルを「１分25秒で来い！」と言ったので、全力中の全力です。

これは、本当にきつい練習です。陸上の名門校でもやらないでしょう。中学時代からのエリートランナーばかりが集まっていたら「こんな練習、無理です」なんて言っていたかもしれません。

でも、うちの学校の選手たちはもともと剣道部やバレーボール部から集めた素人集団だったので、そんな常識を知りませんでした。これが当たり前の練習なんだ、と思って必死についてきたんです。

練習の成果はやがて表れました。そんな素人選手たちが、僕が赴任してわずか2年半で全国高校駅伝のチャンピオンになったんです。しかも、当時の高校新記録というおまけ付き。練習はやっぱり嘘をつかないんです。

駅伝はひとりひとりが走る距離が短いので、こうやって2キロぐらいの距離でひたすらスピードをつける練習をします。きつい練習ですが、格段に走力が上がります。簡単に言うと、これまで出せなかったスピードで走れるようになる。そういうスピードを体の中に入れていくことで、フルマラソンでも後半の走りに生かせるようになるんです。

レース後半で速く走るためのポイント練習、それが土曜日のタイムトライアルです。きつい練習ですが、日曜日の長い距離とあわせて、サブ4達成のための心強い練習になるはずです。

■通常練習⑤：「休み」と「ジョギング」の意味

通常練習の説明の最後に、「休み」と「ジョギング」についても触れておきましょう。

まず、マラソン練習の休みには、「完全休養」と「積極的休養」の2種類があります。

完全休養というのは文字どおり完全なオフ。トレーニングを一切しないで体を休める日です。普段どおりの生活を送ればいいし、夜は焼き鳥でも食べに行ってお酒を飲んでもいい。佐倉アスリート倶楽部でも1週間に1日は完全休養を入れています。

一方、積極的休養というのは、休みとはいっても少し運動を取り入れることをいいます。腹筋や背筋などの補強運動をしてもいいし、軽いジョギングでもいい。体を動かすことを休みの中に取り入れます。

だから、メニューに「休み」とある日は、完全に休んでもいいし、ちょっとジョギングくらいならしてもかまいません。そもそも、ランナーというのは走らないと落ち着かないものです。筋肉が落ちてしまうのではないかと不安になるんですね。

確かに、人間の体というのは、どんなに鍛えた筋肉も1週間も何もしなければ2分の1にまで衰えてしまいます。心臓も筋肉でできているので、2週間も何もしなければ心肺機能もトレーニング前と同じ状態になってしまう。

完全に休む日が1週間に何日もあると自分がサボっているように思えて、罪悪感を持つランナーがいます。そうした気持ちを晴らしたいときには、ジョギングをするといいんです。

ただ、ジョギングも立派な練習のひとつであることは間違いありません。2つの意味で効果があります。

ひとつは、脚に負荷をかけた翌日にジョギングをすると、筋肉をほぐしてくれること。

もうひとつはジョギングをして筋肉をほぐしておくと、翌日の練習が楽になることです。

つまり、タイムトライアルのような脚に負荷をかける練習では、その前日と翌日にジョギングをするといい練習になるんです。

3カ月の練習期間を通して、もっとも走る日が多いのがジョギング。そのジョギングにもきちんと意味があることを知っておくと、練習のやる気も上がるのではないでしょうか。

以上で10週間の通常練習の説明は終わりです。あとは各週のメニュー表を参考にして走るだけ。使いやすいように修正しながら利用するのがおすすめです。

(4) サブ4のための3週間前からの調整練習

ここからは、大会までの3週間の過ごし方、つまり調整練習について話していきます。

調整練習というのはよくコンディショニングと呼ばれるもので、トップ選手でも大会のだいたい3週間前から取り組むものです。大会当日の体の仕上がりは、この3週間をどういうメニューで調整するかで、大きく変わります。

では、まずコンディショニングとは何か？　それを理解してもらうために、これからの3週間で目指す体の状態を2つあげておきます。
(a)通常練習10週間でつくった体のポテンシャルを落とさずに、疲れだけを取る（ただし、完全には疲労を抜かない)。
(b)レース当日に「重い」と感じる脚をつくり、後半型の走りがしやすい体にする。
この2つが調整練習の目的です。どうでしょう？　イメージしていたものと少し違うのではないでしょうか？

調整やコンディショニングについては誤解している人も多いので、まずは基本的な考え方から順に説明していきましょう。

■調整練習①：筋力を落とさず、疲れだけを取る練習

コンディショニングで目指す2つの体の状態のうち、まずは「(a) 体のポテンシャルを落とさずに、疲れだけを取る（ただし、完全には疲労を抜かない）」というのがどういうことかをみていきます。

一般ランナーの中には、レース前の練習をこんなふうに考えている人がいます。


「レースが近づいたら、休んで疲労を抜いたほうがいい」

「ここまで頑張ってきたんだから、疲れを抜いておかないと大会当日は体がもたない」


これらが代表的な例。考え方として「コンディショニング」＝「レース前にする調整」＝「疲れを抜くこと」という連想が働くようです。

しかし、これが失敗のもとです。

調整期の結論を「疲れを抜くこと」にすると、レースが近づくにつれて練習をしなくなる。とくに中高年のランナーの場合、2～3週前から走るのを控えてレース当日までに完全に疲れを抜こうとします。体力に不安を感じて休もうとするのですが、これはコンディ

ショニングとはいいません。

覚えておいてほしいのは、1週間も何もしなければこれまでの練習で鍛えた筋力が落ちてしまうことです。脚も心肺も、せっかく鍛えた力が半減する。「失敗のもと」と言ったのはこのことで、これは本当にもったいないことです。

大事なのは、調整期に入ってからも毎週のようにポイント練習を続けること。回数や強度を減らしながら、筋力が落ちないように負荷をかけ続けていく。つまり、疲れを抜くことよりも、筋力を落とさないことに気を配るんです。

レース３週前（11週目）と2週前（12週目）のメニュー表をみると、10週目まで週３回入れていたポイント練習が2回に減り、1週前（13週目）には1回に減っています。ただ、回数は減っていても、内容的には「タイムトライアル」と「ペース走」という実戦的な練習できちんと負荷をかけているのがわかるでしょう（注：ペース走とは設定したレースペースで走る練習。99ページ図参照）。

こうした練習を続けることで、脚も心肺も衰えることなく大会当日に向かっていくことができるのです。

■調整練習②：1週ごとに負荷を弱めるということ

5つの基本ルールで「調整練習は1週ごとに強度を弱める」と書きましたが、ここでその様子を確認しておきます。
調整期間3週間の中から、ポイント練習だけを書き抜いたのが次のものです。

タイムトライアル
【18日前】10キロ
【11日前】5キロ×1～2回
ペース走
【15日前】20～30キロ
【8日前】15～20キロ
【3日前】5～8キロ

最初のポイント練習が、レース18日前のタイムトライアル10キロ。これまでの通常練習では5キロ単位で行っていたタイムトライアルを、ここでは10キロ通しで走ります。また、

サブ4:調整練習 11週目&12週目

11週目		レースまで	メニュー	負荷
71	月	20日前	ジョギング:60分	
72	火	19日前	ジョギング:40〜50分	
73	水	18日前	タイムトライアル:10km(可能なら20km)※	◎
74	木	17日前	ジョギング:40〜60分	
75	金	16日前	ジョギング:40〜60分	
76	土	15日前	ペース走:20〜30km※　キロ5分30秒ペース	◎
77	日	14日前	ジョギング:40〜60分	

※事前にジョギング15〜20分　◎負荷が最もキツイ日　○負荷がキツイ日

CHECK POINT

レース当日まで3週間近くあるため、最後の大きな負荷をかけられる週。【タイムトライアル:10km】は、人によっては初めて通しで10km走ります。経験済みの人は【20km】に挑戦。【ペース走:20〜30km】は後半型の走りを実現する1キロ5分30秒以上のペースで走ります。

12週目		レースまで	メニュー	負荷
78	月	13日前	休み	
79	火	12日前	ジョギング:30〜50分	
80	水	11日前	タイムトライアル:5km×1〜2回※	◎
81	木	10日前	ジョギング:40〜50分	
82	金	9日前	ジョギング:30〜40分	
83	土	8日前	ペース走:15〜20km※　キロ5分30秒ペース	◎
84	日	7日前	ジョギング:30〜40分	

※事前にジョギング15〜20分　◎負荷が最もキツイ日　○負荷がキツイ日

CHECK POINT

8日前の【ペース走:15〜20km】は3カ月の練習の総仕上げ。ここを1キロ5分30秒ペースで走りきれれば、サブ4は間違いない(残り20〜25kmは5分40秒以上のペースでいい)。7〜8日前に脚と心肺にしっかり刺激を入れ、最後3日前のポイント練習につなげます。

その３日後の15日前には、ペース走で20〜30キロ走ります。いずれもレース３週前（11週目）のもの。だから、この11週目はきついんです。ある意味で３カ月間の練習のピークといっていいでしょう。10週間の通常練習の成果を確認する週ともいえ、このあと徐々に練習内容を弱めていきます。

人によっては「レースの３週前にそんなに走って大丈夫？」と思うかもしれませんが、３週間もあれば疲れがレース当日に残ることはありません。むしろ、ここで最後の大きな刺激を脚と心肺にきちんと与えておくと、後々の練習が楽になるんです。

たとえば３週前のタイムトライアルで10キロ走った体には、次の週に走るタイムトライアルの５キロは軽く感じることでしょう。ペース走も同じ。30キロにチャレンジした後なら、15キロなんて半分！　という気持ちになります。

どちらも練習の強度は半分に落ちていますが、それでもポイント練習としてきちんと負荷をかけているので、筋力は落ちない。レース当日に向けてまだまだパワーアップしていきます。

なお、タイムトライアルは必ず18日前や11日前にやらないといけないというものではなく、多少ずれても問題ありません。雨が降って練習できなければ、ずらしてください。

サブ4: 調整練習 13週目

13週目		レースまで	メニュー	負荷
85	月	6日前	ジョギング:30～60分	
86	火	5日前	休み	
87	水	4日前	ジョギング:30～50分	
88	木	3日前	ペース走:5～8km※	○
89	金	2日前	ジョギング:40～60分　ゆっくり	
90	土	1日前	ジョギング:30～40分	
91	日	当　日	レース:42.195km	

※事前にジョギング15～20分　◎負荷が最もキツイ日　○負荷がキツイ日

CHECK POINT
ついに最終週。3日前の【ペース走:5～8km】は、レース当日に疲れを残して「重い脚」をつくるのが目的。2～1日前の【ジョギング】で脚の筋肉はほぐしておきます。3カ月間お疲れ様でした。レースでは前半を自重した「後半型」の走りでサブ4を達成してください!

大切なのは「(a) 体のポテンシャルを落とさずに疲れを取る」こと。そうやって調整しながら、最後の仕上げとなるレース3日前のポイント練習につなげていきます。

■調整練習③:レース3日前につくる「重い脚」

コンディショニングの総仕上げとして行うのが、レース3日前のポイント練習です。サブ4では「ペース走5～8キロ」を設定しました。
この最終週に行うポイント練

習は、ここまで説明してきたコンディショニングとは少し意味合いが違います。調整期のもうひとつの目的である「（b）レース当日に『重い』と感じる脚をつくり、後半型の走りがしやすい体にする」ためのものです。

レースの3日前に脚に刺激を入れると、さすがに残りの2日間では完全に疲労が抜けません。スタートラインに立ったときに、「ちょっと脚が重たいなぁ」という疲労感が残る。これが重い脚。逆に脚から疲労が抜けていると「なんだか軽くていい感じだ」となり、これが軽い脚。どちらがいいかは一概に言えませんが、後半型の走りに適しているのは重い脚のほうです。

では、どうして脚が重いと後半型のレースがしやすいのでしょうか？

これは、逆のケースとして、脚が軽いときのことを考えてみるとわかりやすいでしょう。脚が軽いと、スタートから「ちょっと飛ばしてみよう」という気持ちになりがちです。もちろん慎重な人なら「抑えめにいこう」と考えますが、それでも知らず知らずのうちにスピードが出てしまう。「あれ、ちょっと速く走りすぎたかな」と気づいたときにはもう遅く、そのツケは30キロ過ぎで脚に返ってくることになります。

一方、脚が重たければ、最初から飛ばそうという気持ちにはなりません。知らず知らずのうちにスピードが出ることもない。むしろ「ウォーミングアップ代わりにゆっくりいこう」という気分になるものです。

もちろん脚が重いといっても、いつまでも重いわけではありません。ゆっくり走って脚慣らしをしていると、やがて筋肉がほぐれて重さを感じなくなるので、そこから徐々にペースを上げていけばいいんです。そして30キロ過ぎから力を出し切る形に持っていく。そういう後半型の走りがしやすいのが、重たい脚です。

レース３日前にポイント練習を置いたのは、こうした走りをするのが目的です。重たい脚をつくり、後半型の走りがしやすい体にする。スタート前に、すでに一歩リードした状態をつくれるわけです。

メニュー表には「ペース走5〜8キロ」と幅を持たせて書きましたが、まずは5キロくらいを目安にするといいでしょう。どれくらいの負荷をかけると、３日後にどれくらい脚が重くなるのかは個人差があるので、体験しながらつかんでください。

大切なことは、「重い脚」をつくってレース当日の走りを後半型の走りに有利な状態に持っていくこと。これこそが、コンディショニングというものです。

（5）サブ4を達成するために

■3カ月メニューは修正しながら使う

いかがでしょう？　ここまで読んでサブ4を達成できるイメージができたでしょうか。おそらく読んでいるうちはできそうな気がすると思いますが、実際に走り始めてみると、いろいろなことが起きるものです。

一番の問題は、走れない日ができること。

3カ月もあれば、その間に雨が降る日もあるでしょう。途中でけがなど思わぬアクシデントがあるかもしれないし、単純に「今日は走りたくないなぁ」という日だってある。

僕が書いた練習メニューは、そもそも一例です。10キロと書いたものが7キロになっても、それでサブ4が達成できないことはありません。1日走らない日があってもそれは同じ。1週間だって大丈夫。休むべきときは休む。マラソンをしていれば、けがで1週間や2週間走れないなんてことはよくあります。

だから、メニューは常に書き直すものと考えてください。僕が佐倉アスリート倶楽部で

世界記録を狙ったベルリンマラソン1カ月前の練習メニュー

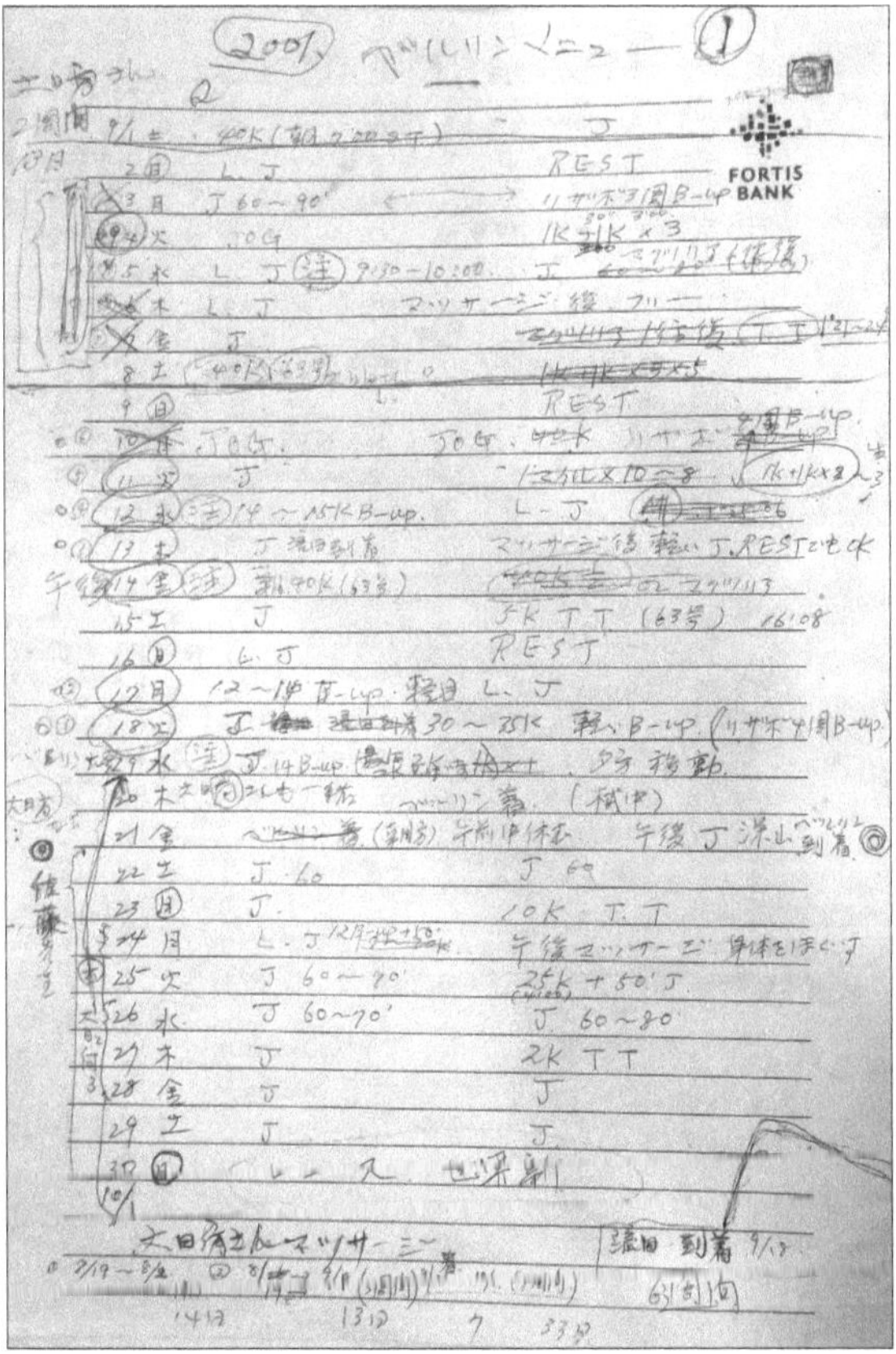
2001 ベルリンメニュー ①
9/1 土 40K J
2 日 L.J REST
3 月 J 60〜90' リザボア3周B-up
4 火 JOG 1K+1K×3
5 水 L.J J
6 木 L.J マッサージ後 フリー
7 金 J
8 土
9 日 REST
10 月 JOG JOG
11 火 J
12 水 14〜15K B-up L-J
13 木 J マッサージ後 軽いJ. RESTでもOK
14 金
15 土 J 5K T.T (63号) 16'08
16 日 L.J REST
17 月 12〜14K B-up L.J
18 火 J 30〜35K 軽いB-up (リザボア4周B-up)
19 水
20 木
21 金 午後 J
22 土 J 60 J 60
23 日 J. 10K T.T
24 月 L.J 午後マッサージ 身体をほぐす
25 火 J 60〜70' 25K+50'J
26 水 J 60〜70' J 60〜80
27 木 J 2K T.T
28 金 J J
29 土 J J
30 日 レース 世界新
10/1

実際に著者が書いた練習メニュー。高橋尚子選手にはメニューの全体像は見せず、状況に応じて修正した内容だけ伝えていた。レース3日前に「2kmタイムトライアル」、7日前に「10kmタイムトライアル」など、本書でも紹介した調整法が行われており、レース当日（2001年9月30日）の欄には「世界新」と確信的に書かれているつくっているメニューなんて常に修正だらけです。きれいなメニュー表なんてありません。

選手の場合は、アクシデントがあれば監督である僕が書き直します。でも、みなさんはそれを自分でしなければならない。5つの基本ルールはそのためにあります。ここまで書いてきたことを参考にすれば、自分でいくらでも書き直せるはずです。

■「体重を落とす」のも練習の一部

練習を続ける上での目安をひとつ添えておきます。

それは、2カ月や3カ月の練習で、タイムはどれくらい縮められるのか、ということ。よく聞かれる質問で、僕はいつもこう答えています。

「2カ月練習すれば15〜20分、3カ月なら30分は記録を短縮できますよ」

これまで、たくさんの市民ランナーをみてきた経験によるものですが、4時間半かかっていた人であれば3カ月練習すれば、サブ4は達成できます。5時間かかっていた人でもそのタイムが後半で歩いたり、止まったりしての5時間であればサブ4に手が届くでしょう。

ただ、ひとつ難しい人がいるとすれば、それは太っていて5時間かかってしまった人。

この章の最初でも触れたように、サブ4は誰でも達成できますが、太っている人だけは難しいんです。

お腹に脂肪がある人は何十キロもの重りを抱えて走っているようなもので、どうしても脚や腰に負担がかかります。無理をすれば、足首やひざ、あるいは太腿部や腰など、きっとどこかを痛めてしまうでしょう。

市民マラソン大会をみていると、制限時間ぎりぎりでゴールにたどり着くのは、ほとんどが太めの人たちです。これは、もう仕方がない。体重が重いとそもそも走るのに不利な上、十分な練習もできないから脚をつくれない。42・195キロを走ることがそもそも難しいんです。

でも、最初から諦めてはいけません。僕が言いたいのは、そういう人は準備がいるということ。まずはウォーキングで体重を落としながら、脚をつくってください。歩く分には足腰への衝撃も少なく、安全に脚を鍛えられます。運動することで体重も落ちるので一石二鳥です。

体重を落とす目安としては、1カ月で1～2キロ、多くても4キロでしょう。無理なダイエットは禁物なので、2カ月くらいかけて脂肪を取り、ジョギングができる体と脚をつくればいいでしょう。

Qちゃんも現役のころは、アメリカで高地練習に入る前に必ず体重を落とすことから始めていました。彼女は太りやすい体質で、レースが終わると8～9キロも体重が増えていたんです。そのため、早めに渡米して練習地で1カ月ほど山歩きをし、体重を絞ってから本格的に走り始めていました。

参考までに彼女のやっていたウォーキングを紹介しておくと、標高3600メートルもあるロッキー山脈を朝から晩まで8時間くらいひたすら歩きます。山は道が舗装されていないので、長い時間歩いても足腰に負担がかかりません。しかも、富士山の山頂ほどもある高地なので、地上に比べて空気が薄い。そこで、足腰の強化と同時に、心肺機能も高めていました。

そのほか、彼女は朝食の前にも10～20キロをジョギングしていた。そうやってレースの前には体重45・5～46キロの自分のベストコンディションに仕上げていく。マラソンは、体重が軽いほうが有利なスポーツなので、体重管理も立派な練習ということです。

だから、太っている人はまずは体重を減らすことから始めます。休日にちょっと足を延ばして山登りに出かけてもいいでしょう。小さな山でも、ピクニック気分で数時間ほど歩けば脚を鍛えられる。山には坂道しかないので、鍛えるにはもってこいです。

体重を落とすことも練習の一部です。太っている人は、そこからサブ４を目指してください。

小出義雄のラストランの話

この章の最後に、僕の話をしておきます。

サブ４が達成できそうでなかなかできない人に、自信を与える話です。

今から、かれこれ10年以上も前のこと。60歳の還暦祝いに、僕は鈴木博美と一緒に北海道マラソンを走りました。

久しぶりの大会です。そんなに練習もしていなかったから、さすがに前半は無理をしませんでした。気持ちよく、ゆっくりゆっくり走った。ところが、スタートして５キロくらい行ったところで脚が痛くなって座り込んでしまった。もう、やめようかなと思ったんです。

そうしたら、沿道にいたおじさんに「監督、しっかりしろ！」って大声で言われてね。びっくりして、シューズのひもを結び直して、また走り出しました。

中盤以降も、ペースはゆっくりです。それでも北海道マラソンは夏の大会だから、ものすごくのどが渇く。何度も水が飲みたくなりました。すると、一緒に走っていた鈴木が数百メートル先にある給水ポイントまで行って、コップを手に僕のところに戻ってきてくれた。還暦祝いで倒れでもしたら大変だから、気を遣ってくれたんでしょう。周りでみていた人たちは、そんなやり取りをみて大笑いです。

ずっと気持ちのいいペースで走っていたから、30キロを過ぎても脚に力が残っていました。最後の500メートルからは、100人くらいを一気にごぼう抜きです。別に僕が飛ばしたわけではありませんよ。歩いている人が100人くらいいたから、その横をスッッと走っただけです。

そのときのタイムが3時間17分。サブ4どころか、サブ3・5で走りました。たくさんの人から、「60歳でサブ4なんて、すごいですね」と感心されたほどです。

でも、僕にとっては、これくらいのタイムで走るのは大したことではないんです。なぜかというと、僕らのように経験がある者は「これくらいのペースで行ったら、後半になっても脚はもつな」というのがわかるから。マラソンのコツが体に染みついているんですね。

何が言いたいかというと、無理をしないでゆっくり走っても、サブ4やサブ3・5は達成できるということです。60歳でもできるんです。70歳を過ぎた今でも、練習すれば３時間を切る自信はありますよ。

でも、あれ以来、僕はもう大会には出ていません。やっぱり、年を取ると周りからいろいろ心配されるから。

だから、みなさんに言っておきます。

マラソン大会に出られること、それを楽しんでください。３カ月間の練習を始めた最初の日から、大会でゴールする瞬間まで。

サブ４は必ず達成できます。そのとき、マラソンがもっと好きになるはずです。

第3章　サブ3のためのマラソン練習

——心肺を鍛えて「スピード」を体に覚えさせる

サブ3はすべての市民ランナーにとって憧れの記録です。夢と言ってもいいでしょう。たとえば、2012年の東京マラソンをみると、完走者3万4678人のうちサブ3を達成したランナーはわずかに2・5%。男性が806人で、女性が46人です。ちなみに、サブ4が21・1%（男性6573人、女性755人）。この数字をみても、3時間を切って走るのは、簡単ではないことがわかると思います。

では、サブ3を達成するにはどんな練習をすればいいのでしょう?

ここからは、すでにサブ4を卒業していることを前提に話を進めていきます。つまり、みなさんは自分の体を42・195キロ先まで運ぶ「脚づくり」はできている。その脚を使って、できるだけ速く走る練習をしていきます。

サブ3達成のポイントは、もちろんスピードです。だから、練習では「心肺の強化」に重点を置いて、同時にそれに見合った脚をつくります。わかりやすく言うと、サブ4の通常練習で行った「タイムトライアル5キロ」のようなメニューを増やして、短い距離や短い時間で何回も呼吸をゼーゼーいわせて心肺を追い込む。いわゆる「スピード練習」と呼ばれるものが増えていきます。

これは、トップアスリートたちが行っている練習と同じ。楽な練習ではありません。ここから先はタイムの伸び悩みや故障など、さまざまな壁が待ち構えていることでしょう。それをどう乗り越えていくか。エピソードもまじえながら、サブ３攻略のコツを伝えていきます。

（１）サブ３は難しいから楽しい！

■誰でも練習すれば速くなれる

はじめに、僕が知る限り、実業団の選手としてはもっとも遅くて、とてもじゃないけれどオリンピックなんて夢のまた夢だった選手の話をします。有森裕子です。彼女は自分を信じて走り続けた、強い意志を持ったランナーでした。

これからみなさんは、サブ３という壁に向かって練習を始めるわけですが、この壁は高いけれど越えられない壁ではありません。有森の話は、壁を乗り越える上できっと参考になると思います。

彼女と出会ったのは、僕が高校の教師をやめて社会人チーム（リクルート・ランニングクラブ）の監督に就任して間もないころでした。当時、有森が所属していた大学（日本体育大学）の先生から、「実績はないけれど、頑張り屋だから」と紹介されたことを覚えています。

僕は最初、彼女の入部を断りました。本当に、これといった実績が何もなかったから。3000メートルのタイムも、当時の中学記録より遅かった。それにチームは創部して間もないころで、将来性のある高校生ばかりを集めていた。そこに実績のない大学生が入ってきても、お互いのためにならない。新興チームでもあり、余裕がなかったんです。

でも、有森は何度も何度も合宿所を訪ねてきました。僕はそのたびにのらりくらりとかわしていましたが、そのうちに大学の先生から「陸上部で芽が出なかったら、教育係として使ってください」と言われました。聞けば、大学の陸上部では女子寮の寮長をしているという。それで「面倒見がよさそうだから、そのうちマネジャーにしようか」と、そんな気持ちで採用することになったんです。

実際、入部してきた有森は本当に遅かった。まず、脚にバネがない。しかも、重心が低く、走りそのものが重い。チームの中で長距離を走らせれば、いつも最後尾か後ろから2番目。その年の春に行われた実業団の大会で、試しに中距離の800メートルを走らせたら、それも予選落ち。長距離もだめ、中距離もだめという、そんな選手でした。

それでも有森は、人一倍練習する選手でした。強くなりたいという思いが体中からにじみ出ていて、いつもとことんまで自分を追い込んでいる。トラックでほかの選手と競り合いになると、どんなに苦しくてもついていこうとする。相手がどれだけ速くても、食らいつくようにして走っていました。

そこに、何か光るものを感じたのかもしれません。有森が生きる場所は、マラソンしかないのではないか？　いつしか僕は、そう考えるようになりました。その思いを彼女に告げると、「はい、頑張ります」と二つ返事で目を輝かせたんです。

こうして、有森のマラソン人生がスタートしました。そして、マラソンの練習がはじまると、彼女の眠っていた才能はまたたく間に開花しました。

初めて大会にエントリーしたのは、1990年の大阪国際女子マラソンです。よほどうれしかったのでしょう。たっぷりと走り込みをさせたのにもかかわらず、大会が近づいても練習をやめようとしません。結局、オーバーワークで脚を痛めてしまい、レース3日前までほとんど練習ができなかったほどです。

それでも、どうにか本番に間に合ったものだから、彼女は必死で走りました。レースは早い段階でロサ・モタが抜け出してハイペースになり、有森は後続集団で23キロ付近まで粘り続けました。そして、粘って粘って6位入賞。優勝争いにこそ絡めませんでしたが、2時間32分51秒というタイムは当時の初マラソン日本最高記録。有森にとって初めての勲章となったのです。

その後の活躍は誰もが知るところです。1992年のバルセロナで銀メダル、1996年のアトランタで銅メダルと、オリンピックで2つのメダルを獲得しました。

出会ったころの有森は、今思い出しても本当に遅いランナーでした。それでも、彼女には努力という才能があった。ひとつ努力して、また努力する。そして、自分がどんなに遅くてもオリンピックという夢を諦めなかった。だから、メダルにまで手が届いたのだと思います。

サブ3は、確かに市民ランナーにとってはきつい目標です。男性にとっても簡単ではないけれど、女性にはもっと難しい。誰でも達成できるとは言えません。

でも、頑張って練習すれば、必ず目標には近づけます。いきなり大台を目指そうとせず、まずは3時間30分、そして3時間20分や15分というように一段ずつ階段を上っていくイメージで始めるといいでしょう。

サブ3というのは壁が高いから楽しいんです。壁を越える楽しみを感じながら、階段を上ってください。そうすれば、いつか必ず頂上に手が届きます。

■サブ3達成を狙うことの幸せ

ひたむきに練習を続ける大切さがある一方で、一生懸命に練習をやりすぎる弊害についても話しておきましょう。サブ3ともなると、自分を追い込んでしまう人が多く、努力がかえってマイナスになることがあるからです。

たとえば、こんなケースがあります。

サブ4までトントンと来たのに、自己ベストが3時間半を切ったくらいになると、途端に足踏みをするランナーがいます。どれだけ練習してもそこから先、なかなかタイムが縮まらない。「もっと頑張らなきゃ」と思ってトレーニングの負荷を強くしても、3時間10分前後がいいところ。肉体的にも精神的にも疲れてしまい、打つ手がないように思えてきます。

こんな状態で練習を続けると、集中力を欠いて、走っているときに思わぬけがをしてしまいます。治療のために走るのを数週間やめると緊張の糸が切れてしまい、完治したときには走るのが億劫になる。そうして、マラソンそのものをやめてしまいます。

以前、アマチュアの女性ランナーを指導したときに、こんなことがありました。その人もなかなか3時間が切れなかった。何度走っても、せいぜい3時間の一桁台。そこで、僕がちょっとコツを教えたら、うれしくなって意欲的に練習に取り組んだ。努力した甲斐があったのでしょう。サブ3の達成はもちろん、その後の大会では2時間40分台で走れるようになりました。

頑張り次第で、女性でもこれくらいのタイムは出せるようになります。でも、ここまで来ると、今度は限界がみえてくるんです。

それでなくても、一般家庭の女性が2時間40分台のタイムを維持するのは大変なことです。それこそ、実業団や大学の陸上部のように毎日走り込むレベルになる。頑張りにも限界があり、その人はそこで燃え尽きてしまいました。走るのをやめてしまったんです。

これからサブ3に向けた練習メニューを説明していきますが、ひとつだけ気をつけてほしいことがあります。

それは、サブ3を達成するよりも、マラソンを楽しむことが大切ということ。

記録が伸びないからといって焦らないこと。

3カ月のメニューですが、もっと長い目で取り組むくらいがちょうどいいでしょう。

（2）サブ3達成メニューのルール

3カ月メニューの5つの基本ルール

ここからは、サブ3に向けた練習メニューを具体的にみていきます。自分の生活に合わせてメニューを組み直したり、修正したりするのはサブ4のところで話したとおりです。

では、まずは5つの基本ルールから——。
1. 1週間に3日、脚や心肺に負荷をかける練習日（ポイント練習の日）をつくる。残り4日のうち3日はジョギング（積極的休養）、1日は休み（完全休養）。
2. 平日でも、場合によっては練習時間が2時間くらいかかる日がある。
3. 土日はともにポイント練習日。うち1日は長い距離を走る。
4. 3カ月のうち、最初の10週を通常練習、最後の3週を調整練習の期間とする。
5. 通常練習の10週間は2週ごとに強度を強め、逆に調整練習の3週間は1週ごとに強度を弱める。

サブ4と大きな違いはありませんが、1と2が少し変わっています。具体的に言うと、完全休養が週1日になっていること、そして平日に60分を超えて走る日があることです。

サブ3の練習で大切になるのは、心肺の強化。そのために「追い込む」ことが重要になります。つまり、ゼーゼーハーハーいいながら走る。これを忘れなければ、使いやすいようにメニューを書き換えても問題ありません。

■「後半型」でサブ3を達成するためのタイム

サブ3を達成するための基準タイムを確認しておきます。

フルマラソンで3時間を切るには、1キロ4分15秒のペースが必要です。これでぎりぎりサブ3達成の2時間59分20秒でゴールできます。

ただし、サブ3が1キロ4分15秒ペースで達成できるというのは、計算の上でのこと。あくまで基準タイムにすぎません。このタイムを目標にして練習してもサブ3が難しいことはこれまで話してきたとおりです。

そこで、ここからの練習メニューでは、20〜30キロの距離であれば1キロ4分〜4分05秒のペースで走れるようになることを目指していきます。

それができるようになって初めて、後半型の走りが可能になる。本番のレースでは、スタートしてからしばらくは基準タイムの4分15秒よりもゆっくりしたペースで走って力を蓄え、中盤から徐々にスピードを上げていき、そして終盤を4分〜4分05秒のペースで走る。これがサブ3を達成する後半型の走りのイメージです（47ページ表参照）。

メニュー表には、ペース走を行うときなどにこの1キロ4分〜4分05秒のタイムを書き込んであります。ビルドアップのときにも、最後の「全力」や「速く」では少なくとも4分前後のペースで走るように意識すると上達が早くなるでしょう。

なお、サブ4を達成したばかりの人は、まずは目標をサブ3・5に置くといいでしょう。サブ3・5の基準タイムは1キロ4分58秒ペース（トータル3時間29分34秒）。後半型の走りのために、1キロ4分45秒ペースで走れるように練習します。

この場合、メニューについては、一度サブ3のメニューどおりにやってみて、ついていけなければ少しずつ負荷を落とせばいいでしょう。たとえば「タイムトライアル5キロ×2〜4回」を2回だけやってみる。1回でもいい。そうやって無理なく追い込める回数や距離を探っていく。そうやって、実力をつけていきます。

（3）サブ3のための10週間の通常練習

サブ3達成のために、一番必要なものがスピードであることは前述しました。もっと具体的に言うと、フルマラソンの後半で「1キロ4分〜4分05秒」までスピードを上げても息が上がらない心肺機能を手に入れることです。このスピードがあってはじめて後半型の走りができるようになります。

練習では、とにかく心肺を鍛えます。短い距離を全力で走り、呼吸がゼーゼーいうまで追い込んでいく。心臓も筋肉でできているので、負荷をかければどんどん強くなる。スピードをつける練習では、同時に脚も鍛えられるので、走力は格段にアップしていきます。

では、どんな練習でスピードを身につけるのか。その内容をみていきましょう。10週間の通常練習メニューを見渡すと、「ジョギング」と「休み」以外では、次の4つの練習が出てきます。
・インターバル走
・坂道インターバル

サブ3のためのメニュー項目

■インターバル走

「全力」と「全力」の間にジョギングを入れ、断続的に負荷をかける練習。心肺に負荷をかけるのが目的。短い距離で何度も負荷をかけてスピードをつける。

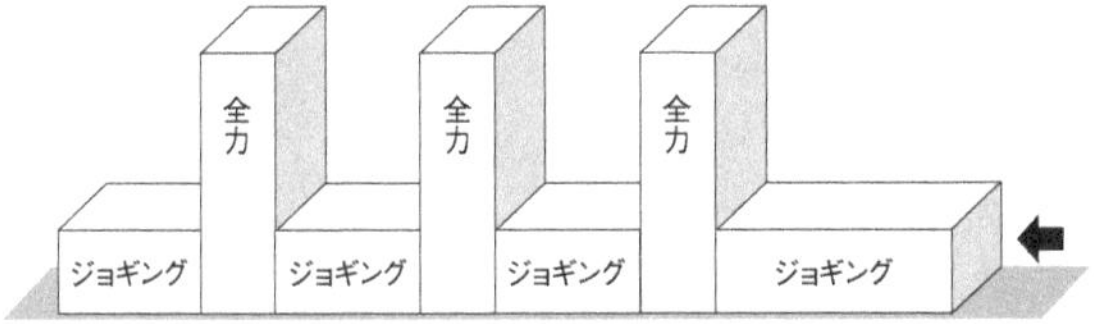

■ペース走

サブ3であれば、少なくとも1kmを4分15秒ペースで走れなければ実現できない。実際には「それ以上」のペースが必要であり、練習で走っておくもの。

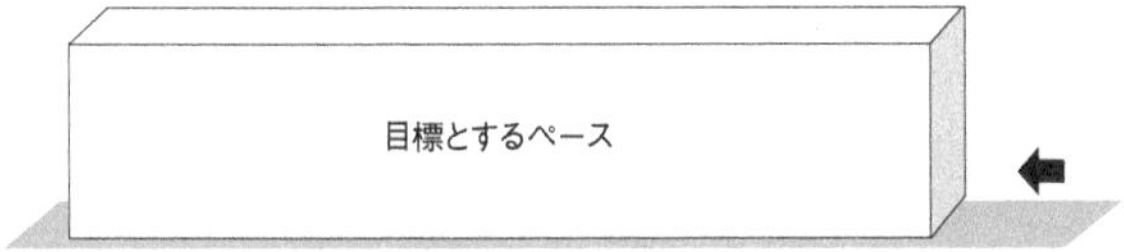

■坂道インターバル

100m以上ある坂が近所にあれば効率的に負荷をかけた練習ができる。上りを全力で走った後、下りをジョギングでつなぎ、下りきったら休まずすぐにまた全力で上る。これを10往復もすれば、心肺にも脚にも負荷をかけられる。

・タイムトライアル
・ペース走
・ビルドアップ
これらがスピード練習です。

ここで初めて登場したのが「インターバル走」と「坂道インターバル」。そのほかの基本的な練習方法はサブ4のところで触れたので（51ページ図参照）、ここではインターバル走を中心に説明していきます。

■通常練習①：「繰り返し」が効くインターバル走

スピード練習の代表格といえるのがインターバル走です。簡単に説明すると、短い距離を全力で走った後にジョギングで少し呼吸を整え、すぐにまた短い距離を全力で走る。これを繰り返すのがインターバル走で、ジョギングという中休み（インターバル）を挟みながら、全力走で心肺機能を高めていくトレーニングです。

インターバル走の利点は、本来は苦しいスピード練習にメリハリが出ることにあります。距離が短いから集中して走れる。タイムトライアルで「5キロ全力」と言われるより、イ

サブ3: 通常練習 1～2週目

1週目		2週目		メニュー	負荷
1	月	8	月	休み	
2	火	9	火	ジョギング:60分	
3	水	10	水	ビルドアップ:60分　後半15～20分しっかり追い込む	○
4	木	11	木	休み	
5	金	12	金	ジョギング:60分	
6	土	13	土	坂道インターバル:100～300m×10～15回※ またはタイムトライアル:5km×2～3回※	◎
7	日	14	日	LSD:2時間　距離にして20km以上走る	○

※事前にジョギング15～20分　◎負荷が最もキツイ日　○負荷がキツイ日

CHECK POINT

最初のポイント練習が、水曜日の【ビルドアップ:60分】。後半の「4分の1（15分）～3分の1（20分）」に当たる部分をしっかり追い込みます。サブ3の練習でメインテーマとなるのは、スピード。この点を意識して、常に呼吸を追い込む姿勢を忘れないこと。これから3カ月間、呼吸をゼーゼーいわせながら心肺を鍛えていきます。

【坂道インターバル:100～300m×10～15回】は、時間のないときに有効。30分程度で終わる練習ですが、しっかり心肺を鍛えられるので一度試しておくとメニューを組み直すときに役に立つでしょう。【タイムトライアル:5km×2～3回】の場合は、1回目の5kmを全力で走ったら休憩。10分以上休んで呼吸を整えてから次の5kmを走ります。目的は呼吸を追い込むこと。休憩が不十分だと2～3回目の5kmでしっかり追い込めないからです。

【LSD:2時間】はゆっくりでかまいません。ゆっくり走ることで前日のタイムトライアルで疲れた脚を癒す意味も含んでいます。余裕があれば、後半の数kmを全力で走ると心肺を鍛えられます。

ンターバル走で「1キロ全力を5本」と言われたほうが、取り組みやすいと感じるランナーもいるでしょう。総距離は同じ5キロですが、実際にはインターバル走で「1キロ全力5本」のほうが脚と心肺の両方を効率よく鍛えることができます。

いくつか例をあげましょう。いずれも30分ほどでできる練習です。

「全力1キロ＋ジョギング200メートル」×4本
「全力400メートル＋ジョギング200メートル」×10本

1キロなんて、マラソンの練習をしている人ならどうってことない距離でしょう。でも、これを全力で4本走るから負荷がかかる。400メートル（トラック1周）ならもっと短いけれど、10回やるのは実はきついんです。

ランナーは距離が短いほど、速いスピードで走れます。だから、総距離が同じ4キロなら、短い距離を何回も走る4キロのほうがきつい。短い距離をゼーゼーいわせながら全力で走って、ジョギングで少し呼吸を整えたら、すぐにもう一度ゼーゼーいうまで追い込む。短い距離での全力走を繰り返すことで、心肺は確実に鍛えられていきます。

サブ3: 通常練習 3〜4週目

3週目		4週目		メニュー	負荷
15	月	22	月	休み	
16	火	23	火	ジョギング:30〜60分　ゆっくりと気持ちよく	
17	水	24	水	ペース走:10km※　1キロ4分00〜05秒ペース	◎
18	木	25	木	ジョギング:40〜60分　ゆっくりと	
19	金	26	金	ジョギング:40〜60分　ゆっくりと	
20	土	27	土	インターバル走:「10分全力+10分ジョギング」×3〜5回※ または坂道インターバル:100〜300m×10〜15回※	◎
21	日	28	日	ビルドアップ:30km	◎

※事前にジョギング15〜20分　◎負荷が最もキツイ日　○負荷がキツイ日

CHECK POINT

この週から毎週のようにペース走を行います。後半型の走りでサブ3を達成するために、設定ペースは1km4分〜4分05秒。手始めとなる水曜日の【ペース走:10km】は、時間にして40〜41分で走れる計算です。

【インターバル走:「10分全力+10分ジョギング」×3〜5回】は10分の全力走でしっかり呼吸を追い込みます。10分間のインターバル(ジョギング)の後、また全力で10分追い込む。鉄人ザトペックは「400m全力+200mジョギング」のインターバル走を実に100本もやっていたといいます。それで1952年のヘルシンキ五輪でマラソンを含む長距離3冠に輝きました。インターバル走は、マラソンでスピードをつける基本練習のひとつなのです。

日曜日の【ビルドアップ:30km】はレースに近い感覚です。前半はウォーミングアップをかねてゆっくり走り、徐々にスピードを上げながら、最後は全力。まさに「後半型」の走りです。ひとつ補足をすると、21日目にビルドアップを走った後の月曜日(22日目)には、軽いジョギングを入れると疲れた脚の筋肉をほぐすことができます。翌5週目(29日目)のメニューが参考になります。

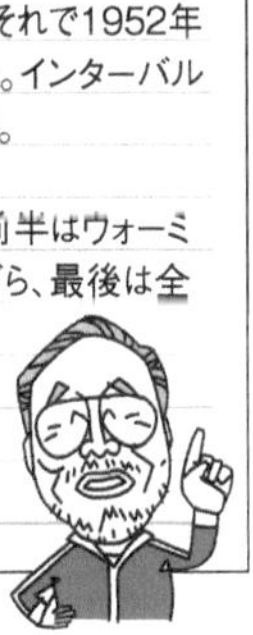

Qちゃんが2001年のベルリンマラソンで世界記録をマークしたとき、練習で多めに取り入れたのが、この何本も繰り返すインターバル走でした。世界記録を狙う上でどうしても必要な練習でした。

ただ、何本も繰り返すというのはQちゃんでもやっぱりきつい。それで、ちょっと工夫して、彼女をだましながら何本も走らせました。

Qちゃんには「2キロのインターバルを3本やろう」と言ったんです。でも、本当は「1キロのインターバルを6本」やらせていました。

どういうことかというと、練習地にしていたアメリカのボルダーに片道1キロのコースがあり、それを使ってインターバル走をやったんです。片道1キロのコースだから往復で2キロ。ただし、1キロ走った折り返しのところで20〜30秒のジョギングを入れる形にすると、次のような練習になります。


「全力1キロ＋ジョギング20〜30秒＋全力1キロ」（これで1往復）

この1往復を1セットにして、1セット終わると3分休んで合計3セットやった。

サブ3: 通常練習 5〜6週目

5週目		6週目		メニュー	負荷
29	月	36	月	ジョギング:30〜60分　ゆっくりと気持ちよく	
30	火	37	火	休み	
31	水	38	水	ペース走:60分※　1キロ4分00〜05秒ペース	◎
32	木	39	木	ジョギング:60分	
33	金	40	金	ジョギング:60分	
34	土	41	土	タイムトライアル:5km×2〜4回※	◎
35	日	42	日	LSD:2時間　距離にして25km走る	○

※事前にジョギング15〜20分　◎負荷が最もキツイ日　○負荷がキツイ日

CHECK POINT

この週は月曜日が【ジョギング:30〜60分】、火曜日が【休み】です。理由は前週28日目の「ビルドアップ30km」で疲れた筋肉をほぐすため。この役割を担うのは29日目だけなので、6週目は36日目【休み】、37日目【ジョギング:30〜60分】とするのも手です。37日目にジョギングをすると、38日目の【ペース走:60分】がスタートから走りやすくなります。ジョギングをポイント練習の前後の日に入れると、いずれも脚のケアになります。

水曜日の【ペース走:60分】は、距離にして14〜15km走れる計算。前週のペース走は「10km」だったので、負荷が4〜5km分増した形です。

ここまで毎週「インターバル走」か「タイムトライアル」のどちらかを走ってきました。この2つはサブ3練習の要。走る距離を変えながら心肺を鍛えてきたのです。そこで土曜日の【タイムトライアル:5km×2〜4回】に飽きたら「インターバル走」にしてもOK。大切なのは呼吸を追い込むことです。

日曜日の【LSD:2時間】は「距離にして25km走る」としました。平均ペースでいうと1km4分48秒ほどのスピードです。

Qちゃんにすれば、2キロ走って戻ってくると3分の休憩があるから、僕が言ったとおり「2キロ×3本のインターバル走」をやった感覚になる。3本ならすぐ終わる、という気持ちになりますね。

でも、僕の考えは1キロ走ったところで20〜30秒のジョギングを入れているから「1キロ×6本のインターバル走」をやっている計算。はじめからQちゃんに「インターバルを6本やろう」なんて言うと、「6本も…」という気持ちになるところを、こうやって気持ちよく走らせるのが、監督の仕事なんです。

この1キロの全力走を何回もやって、僕たちはベルリンマラソンに行きました。ここでは最初から世界記録を狙っていた。だから、速いスピードを徹底的に体に入れたんです。その結果が2時間19分46秒の優勝タイムで、女子としては史上初めて2時間20分を切ることに成功しました。

このようにインターバル走の面白いところは、いろいろな組み合わせができることにあります。サブ3を狙うランナーは、自分のレベルに合わせてメニュー表に取り入れるといいでしょう。

参考までに、もう少し例をあげておきます。いずれも、かかる時間は同じく30分くらい

サブ3：通常練習 7～8週目

7週目		8週目		メニュー	負荷
43	月	50	月	休み	
44	火	51	火	ジョギング:60分	
45	水	52	水	ペース走:15km※　1キロ4分00～05秒ペース	◎
46	木	53	木	ジョギング:60分	
47	金	54	金	ジョギング:60分	
48	土	55	土	タイムトライアル:5km×2～4回※	◎
49	日	56	日	LSD:2時間30分　距離にして30～32km走る	○

※事前にジョギング15～20分　◎負荷が最もキツイ日　○負荷がキツイ日

CHECK POINT

水曜日の【ペース走:15km】は、時間にして60～62分で走れる計算です。つまり前週の【ペース走:60分】に比べて、増えた負荷はほんの少しだけ。前週の経験を生かして、しっかりと走りきってください。

土曜日の【タイムトライアル:5km×2～4回】も前週と内容は変わっていません。前週走った回数が2回ないし3回であったならば、今週は3回ないし4回走るようにします。タイムトライアルはメインの練習です。しっかり呼吸を追い込んで、前週まで鍛えてきた心肺機能をさらに進化させるようにします。

日曜日の【LSD:2時間30分】は「距離にして30～32km走る」としました。平均ペースで言うと1km4分12秒～5分のスピードです。2時間30分走ることに苦痛を感じなければ、問題なく走り続けられるスピードでしょう。前日のタイムトライアルで疲れた脚の疲れを癒す意味も含んでいるので、前半は少しゆっくりめに走ると気持ちよく練習ができると思います。そろそろ体に疲れがたまってきたころ。体のケアも心がけながら、練習に励んでください。

ですが、人によって感じ方が違うはずです。
「全力10分＋ジョギング5分」×2回（計30分）
「全力４００メートル（90秒）＋ジョギング1分」×10回（計25分）
「全力１００メートル（20秒）＋ジョギング１００メートル（30秒）」×30回（計25分）
３つの中で一番きついのは最後の１００メートルを30回繰り返すもの。でも、人によっては「１００メートルなんて短いから30回くらいすぐ」と感じる人もいる。そういう人には、うってつけのインターバル走になるわけです。
いずれも呼吸をゼーゼーいわせながら、「今、心肺機能を鍛えている」と感じながら走ることが大切。追い込めばどんどん強くなります。

■通常練習②：「効率的」に負荷をかけられる坂道インターバル

インターバル走を応用した練習に、坂道インターバルがあります。これはとても効率的な練習です。

サブ3: 通常練習 9〜10週目

9週目		10週目		メニュー	負荷
57	月	64	月	休み	
58	火	65	火	ジョギング:60分	
59	水	66	水	ペース走:20km※　1キロ4分00〜05秒ペース	◎
60	木	67	木	ジョギング:60分	
61	金	68	金	ジョギング:60分	
62	土	69	土	インターバル走:全力1km+ジョギング200m×3〜5回※	◎
63	日	70	日	ビルドアップ:35km　スタートゆっくり、完走すること!	◎

※事前にジョギング15〜20分　◎負荷が最もキツイ日　○負荷がキツイ日

CHECK POINT

ペース走は、3週目に「10km」で始めてから徐々に距離を延ばしてきましたが、水曜日は【ペース走:20km】です。時間にして80〜82分で走れる計算。この20kmの距離を4分00〜05秒ペースで走れれば、「後半型」でサブ3を達成する目算が立ちます。ただし、あくまでも計算上のこと。レース前半をサブ3の基準ペースである4分15秒で走った後に、このペースで走るスタミナがあるかどうかが問題です。残り期間でそこを鍛えていきます。

土曜日の【インターバル走:「全力1km+ジョギング200m」×3〜5回】は、距離が1kmというところがポイント。これまで数百mの短い距離で行ってきたものを1kmにしたので、タイムトライアルに近い形になりました。しっかりと呼吸を追い込み、心肺を鍛えます。

日曜日の【ビルドアップ:35km】は、この3カ月の練習期間で最長の距離を走ります。3〜4週目に走った「ビルドアップ30km」よりも距離的にレースに近い。スタートをゆっくり入って力をためておき、「後半型」を考えながら完走します。3〜4週目の「30km」と比べて力がついているのを感じられれば自信になるはずです。

坂道は普通に走るだけでもきつい。だから、平地で行うインターバル走よりも短い距離、あるいは短い時間で心肺機能を鍛えられます。もちろん、体を一歩ずつ坂の上へと持ち上げていくのは脚なので、平地よりも格段に脚も鍛えられます。

やり方を説明しましょう。

まず、手ごろな坂道を近所で探します。傾斜が急なほど練習がきつくなるので、あまり無理をしないように。距離は100メートルもあれば十分です。

練習で使う坂が決まったら、上りを「全力」で走り、上りきったら休まずに「ジョギング」で下りてくる。この1往復を1本として100メートルを10本も繰り返せば、短時間で心肺機能がとても効果的に鍛えられます。

坂道インターバルは、見た目よりも相当にきついもの。100メートルを10本やっても走行距離はたかだか1キロですが、並みの1キロではないことはやってみるとわかるでしょう。それだけきつい練習ですが、短い時間で効率的に鍛えられます。

また、坂道を使うとほかにもいろいろと鍛えられます。とくに下りの使い方でいい練習になるんです。

ひとつは筋力アップ。着地の際に太ももの前の部分に負担がかかるため、この筋肉を効果的に鍛えられます。

もうひとつは、下り坂独特の走り方を練習できること。スピードが出やすい下りでは、上体を後ろに反って、腕を体よりも前のほうで振りがちです。ところがこれだと、一生懸命に走っているようにみえて、実はブレーキをかけて走っているようなもの。だから、エネルギーがとても無駄になります。

僕は、「下りはボールが転がるように行け！」とよく言います。ひじを体よりも後ろに下げて、少し前傾姿勢になって走る。このほうが、エネルギーの消費を抑えた経済的な走りになるので、一度試しておくと、アップダウンが多いコースに対応できるようになるはずです。

もちろん、こうした走りは体力的にきつければやる必要はありません。下りはゆっくりとしたジョギングで十分。さらに、歩いてもいい。自分のレベルにあった形で行うのが一番です。

坂道インターバルの長所は、短い時間しかないときに効率的に負荷がかけられること。メニュー表には最初の1〜2週目に入れましたが、朝の出勤前であるとか、短時間で集中して練習を終わらせたいときとか、メニュー表を変更するときに臨機応変に活用するのが有効な使い方になります。

■通常練習③：「タイムトライアル」と「ペース走」の実戦的練習法

タイムトライアルとペース走についてはサブ4のところでも触れましたが、サブ3ではより実戦を意識したトレーニングが必要になってきます。

そこで、メニュー表に記した「タイムトライアル」や「ペース走」を、メニュー表の内容は変えずに（つまり10キロなら10キロのままで）、ちょっと工夫するだけで実戦に即した練習にする方法を2つ紹介しておきます。

①タイムトライアルをインターバル走のように走る

ひとつは、タイムトライアルをインターバル走のように小分けにして行う方法です。

通常練習の1週目をみると「タイムトライアル5キロ×2〜3本」という項目が出てきます。この「2〜3本」のところをインターバル走のように考えて使うといい練習になるんです。

つまり、5キロを全力で走ってタイムを計ったら、休憩して呼吸が整ったところですぐにまた5キロを全力で走る。こうして5キロのタイムトライアルを2〜3本繰り返すことで心肺と脚にしっかりと負荷をかけられます。

もしも5キロが難しければ、２本目以降の距離を２〜３キロに短く設定してもいいでしょう。たとえば、「５キロ＋３キロ＋２キロ」でも走った距離はトータルで10キロ。サブ３を狙っている人なら、１時間もあればできる練習です。

大事なのは、インターバル走のように呼吸を追い込んだ全力走を繰り返すこと。もともとタイムトライアルは全力で走るものなので、ここは守らなければ意味がありません。

そして、休みすぎないようにして、すぐに次の全力走に移ること。もちろんきついのですが、この練習をしっかりできると走力は確実に上がります。

②レースで走るタイムトライアルとペース走

２つめは、実際のレースに出て、レース自体を練習にしてしまうものです。

通常練習も後半になると7〜8週目に「ペース走15キロ」、9〜10週目に「ペース走20キロ」というように長い距離の設定が出てきます。また、調整練習に入ってからも11週目に「タイムトライアル20キロ」、12週目に「タイムトライアル10〜15キロ」と同じく長めの設定が登場します。

これらの練習を、レースに出て走ってみてはどうでしょう。そもそもペース走はレースペースで走るもの（後半型を目指すためにサブ3では1キロ4分〜4分05秒）なので、ペース走で実際のレースを走るのは都合がいいわけです。

この場合、出場する大会はフルマラソンである必要はありません。ハーフマラソンや10キロのロードレースを利用すれば、距離的にもぴったり。もちろん、タイムトライアルでも使うことができます。調整練習の11週目には「タイムトライアル20キロ」という設定があるので、近場で都合のいいハーフマラソンがあれば出場してみるのも手です。

最近は、トップ選手の中にも、大会を練習代わりにしている人が増えてきました。その代表的選手が、「最強の市民ランナー」といわれている川内優輝選手です。彼は埼玉県の職員として働きながら、年間10回近くもフルマラソンの大会に出場しています。一般的な実業団の選手が年間1〜2大会と考えると、その数は桁違いです。

しかも、彼はフルマラソン以外にもハーフマラソンや駅伝も走っています。チームに所属していない市民ランナーが自分で自分を追い込もうと思ったら、こうした工夫が必要ということでしょう。

川内選手の走りはテレビでみたことがある人も多いと思いますが、ひとつひとつのレースで後半をしっかり追い込んでいるのが特徴です。ゴールするときに、彼ほど全力で走りきっている選手もなかなかいません。みなさんと同じ市民ランナーですから、お手本になるはずです。

ただ、こうした川内選手の取り組みを、非常識な練習だとして一部で批判的な声も出ています。けれど、僕は彼のやり方に大賛成。これほど「実戦のための練習」をしている選手はいないでしょう。レース会場で見かけたときには、「この暑いのに、よく走ったね」なんて声をかけて応援しているくらいです。

かつて、外国のコーチから言われたことがあります。「日本人は練習のための練習をやっている。だから、試合になるとバテるんだ」と。練習量は多いけれど、試合で結果が出せないことを皮肉られたんですね。

これは、市民ランナーでいえば、「サブ3を達成できないのは練習のための練習ばかりしているからだ」ということになるのでしょう。追い込みが足りなかったり、走る距離が短かったり。練習したことに満足して、負荷が足りていないということです。

みなさんも、「練習のための練習」になっていると感じたときは、手ごろな大会を探して出場してみてはどうでしょう。10キロやハーフマラソンといったレースに出れば、緊張感が生まれます。結果が出れば、自信にもなり、気分転換もできていいものです。

（4）サブ3のための3週間の調整練習

ここからはサブ3のための調整練習について説明していきます。11週目からの3週間で、疲れを抜きながらレースに向けて調整していく、いわゆるコンディショニングの期間です。

ポイントは次の2つ。サブ4で書いたことと同じですが、大切なことなのでもう一度、確認しておきます。
（a）通常練習10週間でつくった体のポテンシャルを落とさずに、疲れだけを取る（ただし、完全には疲労を抜かない）。
（b）レース当日に「重い」と感じる脚をつくり、後半型の走りがしやすい体にする。
いずれも、ここからの3週間で大会当日に走りやすい体に仕上げていくのが目的。後半型の走りのために、サブ3でも「重たい脚」をつくっていきます。

■調整練習①：オーバーワーク症候群への注意

サブ3の調整練習には、毎週のようにタイムトライアルを入れました。負荷の大きい練習ですが、5つの基本ルールで「調整練習は1週ごとに強度を弱める」と書いたとおり、次のように変化していきます。

タイムトライアル
【14日前】20キロ
【8日前】10〜15キロ
【3日前】5キロ

14日前の「タイムトライアル20キロ」は、練習を始めて11週目。この週には「ビルドアップ20〜25キロ」の設定もあるので、練習の強度は3カ月の中でピークにあるといっていいでしょう。通常練習で10週間かけて鍛えてきた心肺と脚に、最後にもう一度大きな刺激を入れておくものです。
そして、このピークを過ぎてから徐々に負荷を落としていくことで、「(a)体のポテンシャル（筋力）を保ちながら疲れだけを抜いていく」ことが可能になります。次の12週目（8日前）に「タイムトライアル10～15キロ」を走っても、距離的に前週の半分なので負荷の大きさはあまり感じないことでしょう。もちろん、実際にはしっかりとした刺激が筋肉に入っており、調整期の練習としてはこれで十分です。

ただ、ここまで苦しいトレーニングに耐えてきた人たちにとっては、調整練習になって練習量が減ることに不安を感じる人も出てきます。毎週、ジョギングや休みが多くなり、もの足りない気持ちになってくるんですね。

「もっと呼吸を追い込んだほうがいいんじゃないか」

「せっかくつけた脚の筋肉が落ちてしまいそうだ」

何度もサブ3に失敗してきた人ほど、順調に練習を積んできたときには「今度こそ」という力が入り、練習にもの足りなさを感じるものです。レースの2週間前くらいならまだ鍛えないと気がすまなくなる。こういう人はまじめな人、努力の人に多いんです。

この章のはじめに有森の話を書きました。彼女が努力で速くなったことを紹介しましたが、努力はときとしてオーバーワークと紙一重です。有森は調整期に入ってからも、もっと走りたいと言うことがありましたが、そんなとき僕は「それはぜいたくというもんだ

サブ3: 調整練習 11週目&12週目

11週目		レースまで	メニュー	負荷
71	月	20日前	休み	
72	火	19日前	ビルドアップ:20〜25km	○
73	水	18日前	ジョギング:60分	
74	木	17日前	休み	
75	金	16日前	ジョギング:60分	
76	土	15日前	ジョギング:60〜80分	
77	日	14日前	タイムトライアル:20km※	◎

※事前にジョギング15〜20分　◎負荷が最もキツイ日　○負荷がキツイ日

CHECK POINT

この週は【休み】が2日。ここからの調整練習では休みとポイント練習をバランスよく配してレース当日に向かいます。ポイント練習で重要なのは14日前の【タイムトライアル:20km】。20kmを全力で走りきれれば、サブ3達成の可能性が見えてきます。

12週目		レースまで	メニュー	負荷
78	月	13日前	休み	
79	火	12日前	ジョギング:60分　ゆっくり	
80	水	11日前	インターバル走:全力1km+ジョギング200m×5〜7回※	◎
81	木	10日前	ジョギング:60〜80分	
82	金	9日前	ジョギング:40〜50分	
83	土	8日前	タイムトライアル:10〜15km※	◎
84	日	7日前	休み（またはジョギング:40〜60分）	

※事前にジョギング15〜20分　◎負荷が最もキツイ日　○負荷がキツイ日

CHECK POINT

レース前に心肺に大きな負荷をかける最後の週。とくに重要なのは8日前の【タイムトライアル:10〜15km】です。前週のタイムトライアルで芳しくない結果であっても、この週に少し短い距離でもう一度実力を測りながら、心肺と脚に負荷をかけます。

ぞ」と言ってこう話していました。

「ここまで、お前は世界で一番練習してきた。それこそ誰にも真似できないくらい練習をしてきたんだから、絶対に大丈夫だ」

これはみなさんにも言えることです。やりすぎは禁物。逆に、やるだけのことはやった、という自信を持つことが大切です。

■調整練習②：レース3日前の総仕上げ

ここまでの練習の総仕上げになるのが、3日前に行う最後のポイント練習です。

この練習の目的をおさらいしておくと、それは「(b) 重い脚をつくる」ためでした。

3日前に入れた刺激はレース当日まで疲労感となって脚に残るため、これをランナーは「重い」と感じる。スタートラインに立ったときに脚が重いと、気持ちの面で慎重になり、ゆっくりスタートしやすくなる。そのまましばらく抑えめに走っていれば、やがて筋肉がほぐれてスピードを出しやすくなるので、後半型の走りにちょうどいい――。そうした効果を狙ったのが、レース3日前のポイント練習でした。

今回、サブ3達成のために、3日前のメニューには次のような練習を入れました。

サブ3: 調整練習 13週目

13週目		レースまで	メニュー	負荷
85	月	6日前	ペース走:15〜20km※ (1キロ4分00〜05秒ペースより少し遅くても可)	◎
86	火	5日前	ジョギング:60分	
87	水	4日前	ジョギング:40〜50分	
88	木	3日前	15km走:気持ちよく5km+タイムトライアル5km+ゆっくり5km	○
89	金	2日前	ジョギング:60分	
90	土	1日前	ジョギング:60分	
91	日	当　日	レース:42.195km	

※事前にジョギング15〜20分　◎負荷が最もキツイ日　○負荷がキツイ日

CHECK POINT
6日前の【ペース走:15〜20km】は負荷をかけながら長い距離を走るギリギリのタイミング。ここは少し遅めのペースでもかまいません。3日前の【15km走】はレース当日に疲れを残し「重い脚」をつくるためのもの。コンディショニングの総仕上げです。

「ゆっくり5キロ+全力5キロ+ゆっくり5キロ」

トータルで15キロ。一般ランナーからすると、「レース3日前に15キロも走るの？」と思うかもしれません。

でも、心配は無用です。サブ3を狙う人にとっては、これくらいがちょうどいい。

それにこの15キロの練習は、1997年のアテネ世界陸上で鈴木博美が金メダルを取ったときに使ったのと同じものです。

スローペースの前半を重い脚で無難に走った鈴木が、後半27キロで一気にスパートをかけて優勝できたのは、このメニューで脚をつくっていたからです。

数々の好成績を生み出してきた縁起のいいコンディショニングがこの15キロのメニュー。

ぜひ、金メダルにあやかってください。

（5）サブ3を達成するために

■気分転換と体重管理に最適の「朝ラン」

ここまでサブ3のポイント練習について説明してきました。

さすがに目標が高くなってくると、それなりに負荷をかけた練習が続きます。呼吸を追い込むのはやっぱりきつい。だんだん練習が苦痛に思えてくる人もいることでしょう。

そこで、気分転換の方法をひとつ紹介しておきます。

それは、朝、走ること。とくに週末のポイント練習などは、一日が始まる前にさっさと済ませてしまえば、晴れ晴れとした気分で休日を満喫できるはずです。

僕が指導してきた選手でいうと、千葉ちゃん（千葉真子）がそういう練習を好んでやっていました。有森もQちゃんもメインの練習は午後だったけど、千葉ちゃんだけは朝だったんです。

自分で言っていました。

「朝に練習して、午後にもきつい練習があると思うと、その日一日が憂鬱でしょうがないんです。できれば、朝だけ練習をやらせてください」と。

だから、朝に30キロ走などのきつい練習をやって、午後はジョギングだけにしていた。そうやって、メリハリをつけていたんです。

はじめは早起きが大変かもしれませんが、朝食前の空腹の状態で走ると体重管理にもいいんです。朝はエネルギーがゼロの状態だから、体についている脂肪を燃焼しやすくなる。もちろん、肥満の解消にも効果は大です。

朝ランは、仕事の都合もあってなかなか難しいかもしれません。練習がきつくて気持ちの負担になってきたときに、ちょっと試してみるといいと思います。

■体重はダイエットではなく「食べて減らす」もの

僕がみてきた限りでは、サブ3を達成した市民ランナーはスリムな人ばかりです。男性で体重57～58キロくらいでしょうか。もちろん60キロ以上あっても3時間ちょっとで走る人はたくさんいますが、サブ3だとなかなか難しい。体重とタイムは、なかなか切り離して考えることはできません。

ただ、勘違いをしてはいけないことがあります。それは、サブ3のためにダイエットを頑張ること。これは体によくありません。サブ3達成に向けて負荷をかけた練習でエネルギーを使っているのに、ダイエットまですれば、体を壊してしまいます。

これには、苦い経験があるんです。

それは、僕が高校生を教えていたころ。体重が軽いほうがいい記録が出ることを話したら、生徒のひとりが無理なダイエットをしたのです。

ある10キロのレースでした。その選手は予想タイムより10分も遅かった上に、フラフラになって帰ってきた。明らかに体調がおかしい。お医者さんに連れて行くと、「管理不足だ！」と大目玉を食らいました。

「もっと食事をとらせなさい。こんなに貧血じゃあ、走れるわけがないでしょう」

この選手は体重を落とすことに躍起になりすぎて、食事の量を極端に減らしていたんです。そのため、体の鉄分が不足して、ひどい貧血状態でした。

こうしたことがあってから、僕も栄養について興味を持つようになり勉強しました。現在の佐倉アスリート倶楽部の寮では、栄養のバランスがとれた食事を調理スタッフにお願いしています。赤い野菜や緑の野菜、そして黄色い野菜といった「信号の色の野菜」に、動物性たんぱく質、植物性たんぱく質、鉄分を多く含んだ食材……。肉も食べるし、魚も食べる。とくに朝は、納豆と卵は欠かしません。きつい練習をしているのですから、しっかり食べても太ることはないのです。

サブ3ともなると、市民ランナーでも練習で大量のエネルギーを消費するので体重も減りやすくなります。減量のために「食事を抜く」ことを考えるより、むしろしっかり食べることを考えるほうが大切です。

考え方のコツは、食べながら体重を減らすこと。つまり、よく食べてよく走る、ということです。

■レースの「はしご」で自己ベストを目指す

この章の最後に、ひとつの提案をしてみます。

それは、レースの「はしご」というもの。つまり、本番のレースを走った1週間後に、すぐにまた次のレースに出ることです。

市民ランナーでありながら世界で活躍する川内選手の話は、通常練習のところでも触れました。彼はフルマラソンだけで年間10回近くの大会に出場しています。実はこのように、短い期間で複数のレースに出場するのは、トレーニングとして理にかなっており、レースの「はしご」をすることで予想以上の好記録が生まれることがあるんです。

Qちゃんがベルリンマラソンで世界最高記録を出したとき、実を言うとその1週間後のシカゴマラソンにも出場する予定でした。これは、2つの大会にエントリーだけしていたのではなく、本気で両方の大会で連続して世界記録を出そうと狙っていたんです。

ただ、2週連続のレース出場に対して、陸上関係者からは無謀という声もあがり、結局は辞退しました。だけど、シカゴを走っていればベルリンでマークしたタイムを1〜2分は縮めて2時間17〜18分で走れたはずだと、今でも思っています。

これにはちゃんと根拠もあるんです。

なにしろ、Qちゃんは普段から1カ月に何度も40キロを全力で走っていました。シドニーオリンピックの前には1週間に1回、3カ月で13本も走っていた。彼女にとって2週続けて40キロを走るなんて、普通のこと。それで故障したり、体調を崩したりすることはなく、むしろ40キロを重ねて走ることで調子を上げ、本番で結果を出してきたんです。

調整練習:2週連続フルマラソンに出る場合

14週目		レースまで	メニュー	負荷
91	日	当日	レース:42.195km	◎
92	月	6日前	ジョギング:60分　筋肉の張りをとる	
93	火	5日前	ジョギング:60分　筋肉の張りをとる	
94	水	4日前	休み	
95	木	3日前	ジョギング:3km　軽く(または休み)	
96	金	2日前	ジョギング:3km　軽く	
97	土	1日前	ウィンドスプリント:100m×3〜5回	△
98	日	当日	レース:42.195km	

◎負荷が最もキツイ日　△軽い刺激

ウィンドスプリントは、100mほどをある程度の速さで走って脚の筋肉に刺激を入れるもの

サブ3を狙えるくらいの実力があれば、1週間前に走ったフルマラソンを「40キロのタイムトライアル（ないしはペース走）の練習」という感覚にすることは可能でしょう。そうした感覚を持てるならば、マラソンのはしごを試してみる価値はあります。1週間前の本番のレースで、すでに体はできあがっているので、そこから上手に調整すればすぐにもう一度レースに出られます。

そのための調整法も記しておきましょう。

まず、1本目の大会の翌日はすぐに休まないで、60分くらいの軽いジョギングで脚の張りを取る。できれば、もう1日くらいジョギングをして、3日目を完全休養にします。疲れが抜けなかったら、もう1日休んでもかま

いません。そこから軽いジョギングを2日くらいやって、2本目の大会の前日に「流し」をやっておく。これで1週間。すぐにマラソンが走れます。

ちなみに、「流し」というのはウィンドスプリントのことで、100メートル程度の距離をゆるめのダッシュで駆け抜ける練習方法です。これを2~5本も繰り返せば、脚に刺激が入り、体に速い動きを入れておくことができます。

これで準備は万端。7日前のレースがポイント練習代わりになっているから、「3日前の刺激」を入れる必要はありません。それこそ、レースを走った疲れを抜きながら体のポテンシャルを落とさない調整ができているはずです。

2本目のレースは力試しだと思って、楽な気持ちで走ってもいいでしょう。途中で棄権したっていい。もし、1本目のレースで課題や反省点があれば、それを1週間後の2本目のレースで生かしてみる。それが、経験というものです。

いつか川内選手がやっているトレーニングが、当たり前に受け入れられる日が来るのではないでしょうか。そして、マラソンのはしごが無謀とは言われない時代が来ると、僕は思っています。

第4章　自己ベストを更新できる人、できない人

――レース当日に起きることを知っておく

どれだけ経験を重ねてきたベテランランナーでも、レースの当日は緊張するものです。スタートの時間が近づいてくるだけで、なんだか気持ちが浮ついてくる。うれしさ半分、怖さ半分。「練習でやってきたことを出せばいいんだ」と思っても、なかなか平常心を取り戻せないものです。

レースがはじまると、予想外のことも起こります。誰かとぶつかって転倒したり、天気が変わって暑くなったり、体調にいたっては42・195キロの中で何がどう変化するかわかりません。

そうした中で、せっかく3カ月もかけて練習してきたのに、走り方をひとつ間違えれば自己ベストは水の泡になってしまいます。それは、実にもったいない。

この第4章では、本番で後悔しないように、レース当日の走り方について話をしていきます。大切なのはアクシデントに対応する準備。事前に起こりうることを知っておけば、本番で焦ることもないでしょう。

そのために、僕からのいくつかのアドバイスに加えて、実際にサブ4、サブ3・5、そしてサブ3を目指した先輩ランナーたちの体験も紹介していきます。

(1) 知っておきたいレースの諸注意

■最初の5キロで体を温める後半型の走り

大会会場では、スタートの1時間も2時間も前に到着して、念入りにウォーミングアップをしている人を見かけます。短い距離をジョギングで行ったり来たりして、うっすら汗をかいている。走りたい気持ちを抑えられないのはわかりますが、あれはあまり意味がありません。

人間の体というのは6分も何もしなければ元どおりに冷えてしまいます。一生懸命に体を動かして温めても、集合がかかってスタート位置で待たされている間に、結局は元に戻ってしまうもの。だから、朝は軽くストレッチをするくらいで十分。これから走る42・195キロのために体力は残しておいたほうが無難です。

その代わり、スタートしてから最初の5キロはウォーミングアップを兼ねてゆっくり走ります。もともと後半型の走りは、スタート直後はゆっくり走るもの。調整期の3週間で重い脚をつくっているので、きっと気持ちよく走れるでしょう。

そして、スタートから5キロで体を温めておけば、8〜10キロほど行ったところで体がふっと軽くなるので、ここからゆっくりとスピードを上げていきます。いきなりスピードを上げないように気をつけながら、徐々にペースを上げていく。一番速く走るのは終盤の30キロ過ぎ。そこまで力を貯める意識をもって走ります。

よく、スタート直後に人混みを縫うようにして追い越していく人がいますが、そうした人には「お先にどうぞ」と心の中で言っておきましょう。ひょっとしたら30キロ過ぎで再会できるかもしれません。そのときに「お先に失礼」という気持ちで追い越せばいいんです。

大切なのは「タイムの貯金」より「体力の貯金」。

レースでの一番の注意は、後半型の走りをきちんと行うことです。

■レースに集中して「転倒」を予測する

スタートについて、ひとつ気をつけておきたいことがあります。

それは、転倒です。

たとえば、道路にたった1センチの段差があるだけでも転倒は起こります。普段の練習でも、夜走っている人は、木の根や道路のふくらみにつまずいたことがあるのではないでしょうか。夜道は足もとがみえづらいので危険が多いものです。

同じようなことは大会でも起こります。とくにスタート直後は人でごった返しているので、前の人との間隔が狭く足もとがみえにくい。集団で走っていると、後ろの人にかかとを踏まれることもある。横にちょっと避けたときに隣を走っていた人と足がからんでしまったら、転倒は免れません。

僕が指導していたある選手は、東京国際女子マラソンの38キロ地点で転倒したことがあります。アスファルトがでこぼこしており、危ないなぁと思っていた場所でした。だから、本人にも「気をつけろよ、38キロ地点だぞ」と繰り返し告げていたんです。ところが、それほど注意していたにもかかわらず、転倒は起きました。

原因は、一緒に走っていたほかの選手がよろめいてしまい、その足が引っかかってしまったから。いくら自分が注意していても、こういうことが起こります。集団の中でのできごとなので、避けようがありませんでした。

転倒が起きる場所というのは、だいたい決まっています。よくあるのが給水ポイント。バルセロナオリンピックでは、優勝候補のひとりだった谷口浩美選手が、給水するときに後ろから走ってきた選手にかかとを踏まれて転倒しました。レース後、彼は「こけちゃいました」と笑顔でコメントしていましたが、心の中は察して余りあります。

ラストスパートをかけるゴール手前でも、脚がもつれるのはよくあることです。最後は全精力を使って走るから、ちょっとよろけただけでも転倒します。しかも、スピードがついているので転んだときのダメージが大きい。起き上がるまでに時間がかかるし、場合によっては骨折することもあるので、ゴールするまで気を抜いてはいけません。

ほかにも、カーブでは内側ぎりぎりを通ると縁石につまずくことがあるし、折り返し地点でUターンするときにもスピードが落ちるのでかかとを踏まれることがあります。

こうしたことは、走りながら予測できること。危ないなぁと思ったところで、用心する。注意力を働かせるのが、何よりの予防法です。

■リズムは腕振りで取る

「レース中のフォームで気をつけることはありますか？」

こうした質問も多いので、ひとつだけ説明しておきましょう。

それは腕振りについて。

基本的にフォームは自由でいいと僕はいつも言っています。それは腕の振り方も同じ。「ひじの角度をこれくらい」「手の高さはここまで」と言われても、体型や骨格は人それぞれなので、ひとつの型に当てはめることはできません。練習で走り込んで力がついてくれば、自然と腕振りもよくなってくるものです。

その上で、ひとつだけ覚えておくといいのが、マラソンランナーは腕を振ってリズムを取っているということです。テレビでみたことがあると思いますが、エチオピアやケニアの選手は前かがみの姿勢で、後ろに引いた腕を体から離さず、抱えるように小さく振って走っている。こうすると腕を速く振れるので、リズムもよく経済的な走りができるんです。

ただ、そうはいっても一般ランナーが両腕を体につけたまま42キロも走るのは難しいでしょう。そうしたときは、片方の腕だけでリズムをとるといいんです。右なら右だけ、小さくコンパクトに速く振る。左手は力を抜いておいてもいい。リズムは片方の腕だけで十分に刻めます。「イチ・ニ」「イチ・ニ」と速く刻めばスピードも速くなる。苦しくなったときに、そうやってスピードを取り戻す方法もあります。

よく、Qちゃんの腕振りは特徴的と言われました。彼女は、折りたたんだ左腕を体につけ、右腕だけ胸の前で小さく回転させていた。「振る」というより「回す」ので、リズムも速くなる。まさに理想的な腕振りだったのです。

■疲れたときは「視線」と「呼吸」に気を配る

ランナーは、苦しくなると知らず知らずのうちに上を向いて走ってしまいます。いわゆる「あごが上がった」状態。呼吸が苦しいので、反射的に気道を確保して楽になろうとするのでしょう。

でも、あごが上がって頭が後ろに倒れると、自然にお腹が前に出て腰が落ちた姿勢になります。こんな不自然な姿勢で走っていたら、ふだん使わない筋肉に負荷がかかるので余計に疲労がたまるでしょう。なるべくなら早めに修正したいところです。

あごが上がってきたと感じたら、視線に気をつけてください。

僕が選手に言うのは、「疲れたときは下を向け」ということ。ただし、下といっても足もとではありません。だいたい3～5メートル先の地面をみる。そうすると、姿勢がやや前傾になるので、スピードを取り戻しやすい。ストライドが広がって、走る気力もよみがえってきます。前方に同じようなスピードで走るランナーがいたら、3～5メートル離れてシューズでもみながらついていくといいでしょう。

もうひとつ、呼吸が苦しくなったときは「吐く」ことを意識すると楽になります。苦しくなると、空気を吸おう吸おうとしがちですが、急ぐとなかなか吸えません。こんなときは、いったん「ハーッ」と大きく息を吐き出すんです。肺の中を空っぽにすることで、新しい空気を大量に取り入れることができるようになります。

疲れたときに役立つので、レースのときに思い出してください。

■水は飲めるときに飲んでおく

一般的な市民マラソン大会の場合、給水ポイントは5キロごとに設置されているので、そのたびに水をとります。気温が高い日はもちろん、湿度が高い日は要注意。汗が乾きにくく、熱が体内にこもりやすいので、体の内側と外側から熱を冷ます必要があります。

マラソンのテレビ中継で、ランナーが脚に水をかけている様子をみたことがあるでしょう。あれは、走るときにもっとも使われる太ももの筋肉を冷やすのが目的。また、首筋に水をかけていることもありますが、あれは大きな血管が通っている場所に水をかけることで、全身に少しでも冷えた血液を送るようにしているんです。

ただ、体に水をかけるときに注意したいことがあります。シューズに水がかかると、足もとが重くなる。お腹も冷えるとよくないので、避けたほうがいいでしょう。

それから、いくらのどが渇いたといっても、水をがぶ飲みしてはいけません。飲んだ水の量だけ体が重くなることを忘れないように。水分によって体を内側から冷やすこともできますが、お腹がタプタプになっては余計に疲れがたまってしまいます。

水はゆっくり飲んだほうが体の熱を取りやすいものです。たとえ飲みたくなくても、給水ポイントを通るたびに2口分くらいの水を補給する。うまく飲めないときは、立ち止まって飲むくらいがいいでしょう。多少タイムロスはしますが、先のことを考えると水はとれるときにとっておくのが重要です。

熱中症も怖いし、脱水症状も怖い。水分補給はマラソンの命綱です。給水に気を抜いて失敗するランナーはとても多いので注意してください。

（2）レース完走記に学ぶ

ここからは3人のランナーの「レース完走記」を紹介します。いずれも「小出道場」の道場生で、もちろんアマチュアの一般ランナーです。

小出道場というのは、第1章でも少し触れましたが、アマチュアランナーの自己ベスト更新を僕が練習メニューを組んで手助けするものでした。アシックス（シューズ）と明治（ＶＡＡＭなどの飲料）のサポートを得て、毎回４～５人のモニターランナーを応募者の中から選んで行っていたものです。

この企画は8年ほど続きましたが、モニターに選ばれる人は、初めてフルマラソンに挑戦する人から、サブ４、サブ３を目指す人までいろいろ。各自が出場する大会と目標タイムを設定し、それに合わせて僕が３カ月分の練習メニューをつくっていました。メニューを受け取った道場生は『小出道場ランニングモニター練習日誌』というブログを毎日書くことになっており、今回の完走記はそこから抜粋したものです。

小出道場は２０１２年７月に24期生が卒業したところで終了しましたが、掲載するのは最近の卒業生の中から実力や年齢が偏らないようにして選んだもの。なかには目標をクリアしていない人もいます。

ただ、こういう話はクリアできなかった人の話のほうが参考になるんです。自己ベストを目指して一生懸命に練習したのに、何かに失敗して達成できなかった。一体何がいけなかったのか？　何が足りなかったのか？　そうしたサブ４、サブ３を達成しようとした先輩たちの苦しみをみておくことは、きっとみなさんの役に立つはずです。

登場してもらうのは、次の3人です。

①サブ4を目標にした30代男性（ベストタイム：4時間10分33秒）
②サブ3・5を目標にした40代女性（同：3時間38分03秒）
③サブ3を目標にした50代男性（同：3時間18分46秒）

どのランナーも、一生懸命に考えて走っている人たちです。

では、まずはサブ4に挑戦した道場生からみていくことにしましょう（年齢・ベストタイム等は小出道場モニター開始当時のもの。文章は抜粋）。

例① サブ4に挑戦——國分孝昭さんのケース（37歳・歴11年・神奈川）

最初に紹介する國分孝昭さんは、マラソンを始めて11年。これだけの年数を経て、ようやくサブ4を達成した人です。

時間がかかった理由は、ちょっと太っていたこと。長らく体重が85キロ以上あったそうで、それなら4時間以上かかったのも仕方がないでしょう。

太っている人が本格的に練習に取り組むと、食事にも気を配るようになります。体重管理に目覚めて、暴飲暴食をしなくなる。國分さんも同じで、大会までの3カ月間は禁酒を誓っていました。お酒を飲むとついつい暴食してしまうので、それを避けたのだそうです。

聞けばサブ4達成の3カ月前にも別のレースに出ていたそうで、そのときは体重が85キロ以上あり、タイムも4時間45分かかりました。それを3カ月で体重を8キロほど落として79キロにした。その結果、タイムも50分以上縮まってサブ4を達成したのです。

國分さんがサブ4を達成したのは海外のレースです。走るのが本当に好きで、小出道場で設定していた卒業レースとは別に、わざわざオーストラリアに行って参加しました。本番の卒業レースの前に、どうしても一度走っておきたかったのです。

ただ、いざレースを探すと、夏場の日本にはなかなか適当な大会がみつかりませんでした。いろいろ当たった結果、旅行代理店が募集するゴールドコーストマラソンのツアーが目についた。南半球で行われるレースだから、季節が逆でコンディションもいい。ぜいたくはできないけれど2泊4日（機中1泊）のツアーもある。オーストラリアに着いた翌日にレースを走り、その翌朝には帰国の途に就くというハードなものでした。

最近はマラソンブームも手伝って、いつかは海外の大会で走りたいというランナーは多いものです。彼はこのレースで、いち早く海外デビューを果たしたんですね。

こうした経緯で参加した大会の完走記が、以下のものです。

サブ4はキロ5分40秒ペース（トータル3時間59分06秒）で実現できますが、國分さんはどうやってサブ4を実現させたのか？　当時書かれた彼の文章で、スタート地点から5キロごとの様子を振り返っていきます。

サブ4に挑戦――「体重管理」と「後半型の走り」で臨んだ海外レース！

出場レース ゴールドコーストマラソン（2012年7月1日）
目標達成！ 3時間53分12秒（レース前ベスト：4時間10分33秒）

◇スタート～5キロ――28分42秒（1キロ5分44秒ペース）

朝7時20分スタート。

このときの気温10度。半袖の格好にはやや寒いくらいでしたが、むしろ眠い体がピリッとなってちょうどいいくらいでした。

ゴールドコーストマラソンには公式のペーサーがいて、15分おきに色分けした大きいバルーンを付けて走ってくれます。このバルーンはひもでつながれて宙に浮いているので、遠くからでもペーサーの位置が確認できてとても便利でした。

私のスタート位置は３時間30分〜４時間のエリア。前方には３時間45分ペースで走る赤バルーン男が、後方には４時間ペースの黒バルーン男がいます。だから、こう考えていました。

「序盤は赤バルーンがみえる位置にいて、決して抜かしてはならぬぞ。自重するんだ！」

「黒バルーンに抜かされてしまっては、サブ４は達成できないぞ。気合いだ！」

そう心に誓い、レースをスタートしました。

今回のテーマは「前半は自重、後半で勝負！」。

ところが、スタート時点から私の周りは数多くのサブ４ランナーで占められていたので、みんなそれなりに速いペースで走り出し、そのペースにつられてしまいます。そんな中での走りだったので、最初の５キロは周りのランナーの流れにのって28分台が自然と出てしまいました。

ただ、自重といってもスピードを気にしすぎて神経質になるのもよくないと思っていたので、後になってみれば結果オーライだったと思います。

◇5〜10キロ――27分50秒（1キロ5分34秒ペース）

5キロを過ぎてからギアを1ｓｔから2ｎｄに上げました。このあたりから日差しが強くなり、一気に眩しくなってきました。気温が上昇し、早くも汗がじわっとにじみ出てきます。

走っていて楽しく、海をゆっくり眺める余裕も出てきました。

ところがどっこい！

鼻歌まじりに調子にのってエンジョイランしていたら、なんと4時間ペーサー黒バルーン男に抜かれてしまったのです。

ありゃー。少し遅すぎたかな？ と思いましたが、前半は自重作戦だし、時計をみる限り一応5分半ちょいのペースを刻めているし、まあ想定どおり。慌てず、自分を信じて走りました。

◇10～15キロ――27分23秒（1キロ5分28秒ペース）

15キロくらいまでに4時間ペーサーの黒バルーンを抜かそうと思っていたのですが、道が急に細くなり、目と鼻の先に黒バルーンがみえるのに抜かすことができません。それどころか少しずつ離れていってしまいます。

うーん、じれったい。

しかし、まだレースは3分の1。ここも自重し、じっと我慢のレース展開です。

実は小出道場の同期生からしつこいほどに「自重だ、とにかく自重だ！」と釘を刺されていました。レース中に、ふとそんな仲間たちの声が天から聞こえてくる場面もあったのです。

この時点でだいぶ汗をかいてしまったので、足つり防止に塩サプリを食べました。また、少し空腹感があったので、エネルギージェルもついでに食べました。

◇15～20キロ――27分10秒（1キロ5分26秒ペース）

突然右乳首に違和感を覚えました。ん？　嫌な予感がするなぁと思いながら恐る恐るTシャツの首の部分を伸ばして乳首をみたところ、貼っていた擦れ防止の絆創膏がとれて、ゼッケンの安全ピンが見事に乳首に当たっていたのです。

「あぁ、ゼッケンをつける位置が上すぎたぁ」

これまで何度もレースに参加しているのに、何をやっているんだ。

実は、こうしたアクシデントもあるかと思い、この3カ月間、練習のときは絆創膏なしで走ってこっそり乳首強化をしていましたが、それでもこれ以上摩擦が激しくなると出血しやしないかととても心配になります。

そんなこんなで考えごとをしていたら集中力をすっかり欠いてしまい、気がつくと設定ペースより速く走っていました。

「しまった！」と思って慌てて減速しましたが、時すでに遅し。かなり減速したのにもかかわらず、この区間の平均ペースは27分10秒です。

足やら乳首やら空腹やらの心配で、全然エンジョイランできていません。

このままで大丈夫なのか、俺!?

◇20～25キロ――27分22秒（1キロ5分28秒ペース）

いよいよ後半戦。

20キロを過ぎたあたりから、少し右ふくらはぎと左ハムストリングスに張りを感じました。いつも決まって最初に違和感を覚える場所です。

そして、ハーフの通過タイムが1時間57分02秒（5分32秒ペース）。

確かに順当な数字ではありますが、まだこの2倍も走らないといけないのかぁ、とナーバスになっています。足の心配、乳首の心配等もあり、不安を抱きながらのランが続きます。

そして24キロ地点くらいで、グ〜ッとお腹がなるのが聞こえました。これはいかん、早く充電しないと！　そう思い、携帯していたスポーツ羊羹《ようかん》（塩分を多めに含んでいる羊羹）を急いで食べ始めました。ここは腹痛にならないように、しっかり噛んで食べます。

そのお陰で満腹感を得ることができ、ガス欠感が一気になくなりました。恐るべし、スポーツ羊羹！

◇25〜30キロ——27分26秒（1キロ5分29秒ペース）

そろそろギアを上げていってもいい距離なのですが、ペースを上げるのが怖い。あと15キロ、このままのペースで走れるのか？　まったく自信がない。

携帯していたヴァームウォーターも底をつき、気温もグーンと上昇してきています。汗も尋常でない量をかくようになったので、靴にかからないように注意しながら水を頭からかけ、暑さ対策は怠らないように気をつけました。

◇30〜35キロ——26分57秒（1キロ5分23秒ペース）

ついに30キロ地点。

いつもなら必ずここで体が普段の10倍は重くなった感覚になります。

しかし、今回は違います。

少なくともこれまでの自分とは違うんだ！　以前よりウエイトダウンしているし、月間200キロ走破してきたのだから。

20キロくらいから続いていた脚の張りも相変わらず気にはなりますが、30キロ過ぎてもひどくはならなかったので、ここで一段ギアを上げ始めました。

前半自重していたお陰で、ここでエネルギーを一気に吐き出すことができ、この5キロで約400人のランナーを抜くことができました（公式データで30キロ地点2445位だったのが35キロ地点2064位）。

しかも、誰ひとりにも抜かれていなかったと思います。

これだけのランナーを一気に抜く感覚が、どんなに気持ちよかったことか！　今までのフルマラソンでは逆に抜かれる立場だったので、感動もひとしおです。

◇35〜40キロ――27分09秒（1キロ5分25秒ペース）

引き続き、ある程度の速さを維持しましたが、上り坂と下り坂の連続があったり、道がデコボコになったりと、脚にダメージがたまってきました。さすがに体がズシンと重くなってきているのがわかります。

そして、37キロ地点にさしかかったところで、左足裏に激痛が走りました。まるで靴の中に入った大きな石を踏んづけているような感覚です。もちろん、靴紐はしっかり結んでいたので、靴の中に石が入るはずがありません。

実はこれまでも長距離を走ると足の裏（親指の下の膨らんでいる部分）が痛くなることがよくあり、今回もまさに同じ箇所。どの程度までひどくなっているか靴を脱いで確認しようと思いましたが、ここまで来たら痛みを忘れるしかありません。

歯を食いしばりながら、残り5キロちょっと！　たった皇居1周分だ！　と自分に言い聞かせ、止まらず走り続けました。

◇40キロ～ゴール――13分10秒（1キロ5分59秒ペース）

さあ、残りあとわずか。一気にトップギアに上げるぞ！　と思い、走り出そうとしたその瞬間、頭がクラッとし、血の気がサ～ッと引き始めました。まるで貧血で倒れる前のような感覚です。

意識朦朧とまではいきませんが体に力が入らず、ギアを上げるどころか思いっきりペースダウン。時計をみるとそれまで5分半ペースだったのが、一気に7分ペースにまで下がってしまっています。

うぅー、残り2キロなのに。ゴールが果てしなく遠い……。

ここは、もう何も考えず、じっとこらえるしかありません。

何も考えず、下を向いて足を一歩一歩前に出すことだけに集中して走ることにしました。

しばらくすると多くのオージーの歓声が聞こえてきました！「もうすぐ！」「頑張れ！」と言ってくれています。

前をみるとようやく残り1キロの表示が！

このころになると眩しくて前を向くのも辛いほどの日差しですが、歓声に助けられ、元気がジワジワと湧いてきます。火事場のクソ力を出し、走ります。

そして、公園のゲートをくぐってからは猛ダッシュ！

フォームも顔もグチャグチャになりながらのゴールです！

40キロ以降のラップは、５分59秒。なんとか６分は切りましたが、最後にして最悪のラップとなりました。

でも、クラッとしたのが40キロ以降でよかった……。もっと手前でアクシデントが起きていたら、サブ４は実現できなかったでしょう。

という訳で、ネットタイム３時間53分12秒。

ついにサブ４達成です！

ゴールした瞬間は、感動や喜びよりも倒れずに無事ゴールできたという安堵感のほうが大きかった。

気になる足裏の激痛を確認しようと靴を脱いでみると、靴下が破けていました。破けたところにはしっかり血マメができていて、見事に膨らんでいました。ランニング用の靴下だったのですが、もっとしっかり厚い生地の靴下でないとどうやら自分には合わないようです。

ゴールした後、完走メダルを首にかけてもらい、完走Tシャツをもらいました。そしてエイドステーションにあったスポーツ飲料と水をガブ飲みし、ネーブルを一気に食いあさりました。これまでに食べたネーブルの中で一番ウマかった！

その後、旅行会社のテントに行き、ビールを頂いて記念撮影。ようやく椅子に座り落ち着くことができ、しばらく遠くを眺め、眩しい天を見上げてボーッとする自分。そんな時、サブ4が達成できた実感が少しずつ湧いてきて幸せな気持ちに。夢を実現できたことに対し、周りの方々への感謝の気持ちでいっぱいになりました。

こうしてサブ4を達成できたのは、自分の力だけではありません。みんなへの「ありがとう！」の気持ちを忘れずに、さらに自分を鍛え上げていこう。

そう誓った真昼のゴールドコーストでした。


【監督の講評】


11年かかったサブ4。うれしかったでしょうね。

うまくいったのは、やはり後半型のペース配分を心がけたことにあると思います。それは５キロごとのスプリットタイムをみればわかります。
０～５キロ……………28分42秒（５分44秒ペース）
５～10キロ……………27分50秒（５分34秒ペース）
10～15キロ……………27分23秒（５分28秒ペース）
15～20キロ……………27分10秒（５分26秒ペース）
20～25キロ……………27分22秒（５分28秒ペース）
25～30キロ……………27分26秒（５分29秒ペース）
30～35キロ……………26分57秒（５分23秒ペース）
35～40キロ……………27分09秒（５分25秒ペース）
40～42・195キロ……13分10秒／５キロ換算30分00秒（５分59秒ペース）
サブ４の達成には1キロ５分40秒ペースが必要なところを、國分さんは出だしの「０～５キロ」は５分44秒のペースでゆっくりスタートしています。そこから少しずつペースを上げて、「30～35キロ」と「35～40キロ」の終盤10キロを一番速いスピードで走っている。

この10キロは本来ならもっともきついところ。そこで400人も抜いたんだから気持ちよかったでしょう。追い抜くことで元気が出るから、苦しいところをさらに頑張れるんです。最後の2キロでペースダウンしたのは惜しかったけれど、残り2キロというのは気力で走れるから大丈夫。その意味で、國分さんのレースは、絵に描いたような自己ベストのペース配分だったと思います。

この走り方ができればきっとこれからもどんどん速くなっていくでしょう。サブ3・5など、次の目標に向けてすでに走り出していることと思います。

例② サブ3・5に挑戦——大庭利香さんのケース（44歳・歴3年・東京）

大庭利香さんはマラソン歴3年ながら、とてもしっかりとした走りをする女性ランナーです。41歳で始めたマラソンでしたが、大会に出るたびに記録が上がるのがうれしくて、走ることが大好きになった。小出道場では卒業レースに北海道マラソンを設定し、そこでサブ3・5を達成するのが目標でした。

でも、彼女には悩みがありました。それはけがをしやすいこと。アキレス腱痛、シンスプリント、ランナー膝、肋骨骨折などいろいろ経験しており、自分のブログに「けがのデパート」と書いていました。

故障というのはランナーにとってとてもつらいものです。明るく「デパート」なんて書いていても、どれだけ走れなくて悔しい思いをした日があったことか。実際、彼女が卒業レースにした北海道マラソンは、今回で3年連続のエントリーでしたが、前年の大会はヒラメ筋断裂という故障で泣く泣く出場を見合わせています。

だから、今回の北海道マラソンはリベンジの大会。出場できなかった前年の悔しさを晴らす大会のはずでした。

ところが、そのリベンジの大会を前に、またけがをしてしまいました。

練習中に右脚のアキレス腱に痛みを感じたのが7月上旬なので、本番の50日ほど前。痛みを感じたら休んだほうがいいのは彼女もわかっていました。けれど「試しにちょっと」という気持ちで翌日も走ってしまった。

ランナーというのは、走り出すと欲が出ます。最初は軽いジョギングで始めても、「これくらい大丈夫かなぁ」「もっと走っても大丈夫かなぁ」という具合に、次第にスピードを上げてしまいます。彼女もそうでした。みんな、そうやって故障を大きくしてしまうんです。

痛めたあとで僕にも相談してきたので、休むように言いました。マラソンをやっていれば、大会前にけがをするのはよくあること。だから「なんとかなるさ。心配するな」と伝えました。

結局、整形外科に行くことにした大庭さんが「右足アキレス腱周辺炎」と診断されたのが大会40日ほど前。その後はしっかり休み、練習を再開したのが大会の3週間くらい前です。今度はウォーキングから始めて、ジョギングに切り替え、少しずつ距離を延ばしていきました。

その後、20キロ走れることを確認できたのが大会の2週間前。でも、あまり大きな負荷をかけるのは怖いから、その後は練習で追い込めないまま本番に突入していきました。

これから紹介する彼女の完走記は、そうした事情を抱えての本番です。

しかも、北海道マラソンは夏のレース。もちろんサブ3・5への挑戦意欲はあるけれど、完走できるかどうかもわからない。それをどうやって走ったのか。

これもまた、みなさんの参考になる場面がきっとあると思います。

なお、サブ3・5に必要なペースは1キロ4分55秒ペース（トータル3時間27分28秒）です。

サブ3・5に挑戦──「レース直前の故障」と「夏レース」との戦い！

出場レース　北海道マラソン（２０１２年８月26日）
達成ならず　３時間34分19秒（レース前ベスト：３時間38分03秒）

◇スタート〜5キロ──25分33秒（1キロ5分07秒ペース）

５時起床。いよいよです。

コンビニであらかじめ購入しておいた豆乳とおにぎりと大福とチーズという世にも気持ち悪い朝食を美味しくいただきました。

ストレッチをして、右アキレス腱のテーピング。たぶん、生まれて初めてテーピングが一発で決まりました。いい兆しです。

８時にホテルを出発。そのまま走り出せる装いでスタート地点に向かいます。

大通公園に着き、Ｂブロックへ。スタートブロックへの整列締め切りが８時40分なので、それまでにトイレに行って準備を整えました。

そして、スタート地点へ。

びっしりのランナーの中に入ると、急激にテンションが上がります。テレビ塔の時計がカウントダウンを始め、10秒前からはみんなでカウントダウン。

そして、スタート！

私はBブロックなので、最初の30秒ぐらいはほとんど前に進みません。ただ、足に爆弾を抱えているので、始まりはこれぐらいが丁度いいです。

次第に前に進み始めました。

無理に追い越したりせず、流れのまま走ります。

無駄なエネルギーを使ってはいけない。暑さの中、我慢くらべですから。

2年前に北海道マラソンを走った時のスタート地点だった中島公園を通りすぎると、記憶がよみがえってきました。この先、上り坂だったような……。幌平橋の上り坂で次第にエンジンがかかってきました。私、意外と坂が好きなのです。

でも、飛ばさないです。師匠（ランニング仲間の先輩）から前日メールをもらいました。

そこに2つのお願いが。
①経済的に走りましょう。
②痛みがひどくなったら、勇気をもってやめましょう。

はい、わかりました。飛ばしませんから。

痛みは自分が一番よくわかっていますから、無理しません。大丈夫です。

そんなことを考えていたら、会社のI先輩が声をかけてきました。おぬし、Cブロックスタートなのに、もう追いついたのか。無念。

でも、焦ったりしません。

◇5〜10キロ——24分05秒（1キロ4分49秒ペース）

最初の給水で思ったのは、かなり喉が渇いているということ。東京の暑い中を走っていても、こんな渇きは経験したことがありません。今回のレースのポイントは給水だと認識しました。

給水を終えてしばらく行くと、先に行ったはずの先輩に追いつき、追い越しました。

あれ？　先輩、まさか落ちた？

ちょっと心配になりましたが、後からタイムをみると自分のペースが上がっていたんですね。どんどんアドレナリンが出ていることが実感できました。

もっとペースを上げたい。

足の痛みが気にならないのはどうしてか？　きっとこれもアドレナリンのせいなのでしょう。ここが抑えどころ。師匠の言葉を思い出し、経済的に走るよう心がけます。

◇10～15キロ――24分55秒（1キロ4分59秒ペース）

喉が渇きます。

不安になりますが、スタート時より気温が幾分下がっているようだし、たぶん大丈夫。スピードも安定してきたし、呼吸もいい感じ。足の痛みも大丈夫。

そういうことを考えていた時、落ちたはずの先輩がまた現れ、そのまま私の前を走っていきます。すごいなぁ。

その姿を後ろからみていると、これは丁度いいペースメーカーかもしれないと思い、そこから30キロあたりまで勝手にペースメーカーにさせていただきました。

ありがとう、先輩。

◇15～20キロ――24分35秒（1キロ4分55秒ペース）

先輩の背中が視界から消えないよう、イーブンペースでついて行きます。

しかし、喉の渇きは相変わらずです。

給水所で1杯目は一気飲み、2杯目は首筋にかけ、3杯目は再び一気飲み。4杯目、腿とふくらはぎにかけ、続けてスポーツドリンクも2杯飲み干します。

でも、渇きは癒えません。

あらゆるランナー向けの本に書かれている基本事項。「喉が渇いたと思った時はもう手遅れ。渇く前に水分を摂る」。

では、もう手遅れなのか？

いや、スタート時にサンサンと輝いていた太陽も雲に覆われ、気温も下がっている。だからこれ以上渇きはひどくならないはず。落ち着け、落ち着け。

こんな時は気持ちを紛らわせたほうがいい。

小出監督の言葉を唱えてみました。

「なんとかなるさ。心配するな」

◇20～25キロ――25分17秒（1キロ5分03秒ペース）

20キロを過ぎて、あの地獄のストレートコース。

まっすぐ前に前に、どこまでも前に。何もないんです。ただ前に進むしかない。

そんな中、沿道のみなさんの声援がものすごい力になりました。

ハイタッチを求めてくれる天使のようなみなさんと、ハイタッチ100%やりました。元気をいただきました。ありがとうございます。

そうこうしているうちに、中間地点を迎えました。

「まだ半分か」、あるいは「もう半分か」。

気の持ちようですが、今日の私は「もう半分か」と思うことができました。

ああ、もう半分北海道マラソンが終わってしまった。

◇25～30キロ――25分37秒（1キロ5分07秒ペース）

25キロになると、気持ちは楽になるのですが、身体はきつくなります。

喉の渇きが深刻です。どんなに飲んでも追いつかないのです。

水とスポーツドリンクを気持ち悪くなるぐらい飲みました。

折り返し地点の巨大な三角コーンがみえてきました。みんな三角コーンを叩きながら折り返すので、手形だらけです。

私も渾身の力を込めて、三角コーンを平手打ちしました。ここまで来たぞ、という痕跡を残したい。そんな気持ちでしょうか。

◇30～35キロ――26分16秒（1キロ5分15秒ペース）

ペースが落ちていることを自覚しました。

喉の渇きを癒すために必死で水分を摂りますが、摂りすぎて身体が重くなる。この繰り返しです。

飲んでも飲んでも渇きます。次の給水所まで我慢できるのか？

また小出監督の言葉「なんとかなるさ。心配するな」を唱えます。

いや、ちょっと違う。喉の渇きはなんとかならない。気を逸らそう。そうだ、歌を歌おう。

ひたすら歌いました。『壊れかけのＲａｄｉｏ』を何回も歌いました。

私が壊れかけていたのでしょうか？　意識が朦朧としていたような気がします。

ふと我に返ったのが、前を走っていたはずの先輩がゆっくり後ろに流れていったときです。スローモーションのようでした。

その後、レース中に先輩の姿をみることはありませんでした。

◇35〜40キロ――26分37秒（1キロ5分19秒ペース）

水、水、水……。

飲みすぎが続き、これはいかんと思い、また歌を歌いました。

しかし、歌うとさらに喉が渇くことにようやく気がつきました。遅いです。

そこで、思い切って飲む水の量を減らし、少量を口に含んで、紙コップを手に持ったまま走ることにしました。

これが正解だったようで、一杯の水を少しずつ時間をかけて飲むことで尽きなかった渇きがようやく落ち着いてきました。

喉の渇きが落ち着くと冷静になり、ゴールが近づいていることを実感し始めました。

もうすぐ北海道大学！

2年前の北海道マラソンの思い出がよみがえります。初のフルマラソンで、42・195キロがどんなものなのかわからないまま走り続け、少し日が傾き始めたころにたどり着いたのが北海道大学。

その時の感動と今の感動が合わさって、涙がこみ上げてきました。

緑の多い美しいキャンパス。まもなくゴールだという喜びと、もう終わってしまうのかという寂しさ。なんともいえない気持ちになりました。

◇40キロ～ゴール――11分24秒（1キロ5分12秒ペース）

「もうすぐゴールだ！」「ガンバレー」。

たくさんの声援に迎えられて北海道大学の中を走りました。

次第に声援が増えていき、いろんな音が左右から聞こえてきます。

このままずっと走り続けたい。

そう思うぐらい、幸せでした。

北海道大学を抜けると、正面に北海道庁の赤レンガの建物がみえてきました。あと少しでゴールです。

最後のコーナーを曲がり、大通公園に入るとゴールがみえました。たくさんの人々の大きな声援が、最後の後押しをしてくれます。

両手を高く空に掲げ、バンザイでゴール！

至福の瞬間でした。

ゴールして、クルッと振り返って帽子をとり、コースに向かって深く一礼。すると、頭がクラッとして足がもつれ、よろめいてしまいました。

あらら……。そう思った瞬間、ボランティアの女性2人が目にも止まらぬ速さで現れ、左右からがっちり支えてくれました。まるで捕らえられた宇宙人のように、私はそのまま連行されました。

——私のゴールはこんな感じでした。

たくさんのボランティアのみなさん、沿道で声援を送ってくださったみなさん。こうした方々がいてくださることで、私たちランナーは安心してレースに集中できるのだと再認識しました。感謝の気持ちでいっぱいです。ありがとうございました。


【監督の講評】


結果は残念。目標のサブ3・5を達成できませんでした。でも完走できたし、それにタイムは彼女の自己ベストでした。

だから彼女の場合、もうサブ3・5の実力は間違いなくついています。レースの1カ月前からまともな練習ができず、脚に不安を抱えたまま暑い夏のレースを走って3時間34分19秒なら、３時間半を切るのは時間の問題でしょう。
今回は練習不足のままレースに臨んだため、ペース配分がどうしても悪くなってしまいました。これも、５キロごとのペースをみるとわかりやすいです。

0〜5キロ……………25分33秒（5分07秒ペース）
5〜10キロ……………24分05秒（4分49秒ペース）
10〜15キロ……………24分55秒（4分59秒ペース）
15〜20キロ……………24分35秒（4分55秒ペース）
20〜25キロ……………25分17秒（5分03秒ペース）
25〜30キロ……………25分37秒（5分07秒ペース）
30〜35キロ……………26分16秒（5分15秒ペース）
35〜40キロ……………26分37秒（5分19秒ペース）
40〜42・195キロ……11分24秒／5キロ換算25分58秒（5分12秒ペース）

スタート直後の5キロはゆっくり入りましたが、5キロを過ぎてからのペースが速すぎます。サブ3・5は1キロ4分55秒ペースで達成できるのに、ここでもう4分49秒にまでペースが上がっています。多分、スタートしたときから脚が軽くて、ついつい走ってしまったのでしょう。

練習ができていなかったり、レース前にしっかり休んだりすると、こういうことがよく起きます。追い込みができていないと疲労が抜けて、レース当日の脚が軽くなる。脚が軽いと最初からスイスイと気持ちよく走れますが、勘違いしてそのまま走ってしまうと30キロ過ぎでつらくなり、最後は極端にペースダウンしたり、歩いたりしてしまいます。

大庭さんは、自分では抑えてスタートしたつもりでした。脚に不安があるし、暑さも怖いから、ゆっくり入ったつもりだった。でも、5キロ地点を過ぎたところで彼女は「もっとペースを上げたい」と言っている。練習ができていないと体が軽いと感じ始めるのも早いんですね。我慢したつもりだったけれど、自分でも気がつかないうちにペースは上がっていました。

こうなると、後半はどうしてもタイムが落ちてしまいます。

脚の故障の不安があったので仕方ありませんが、惜しいレースでした。

彼女のレースはけがに加えて暑さとの戦いでした。こういう苦しい経験は必ず後になって生きてくるものです。その後1年経った時点で大庭さんに聞いたところ、このレースの半年後の２０１３年東京マラソンでサブ３・５を達成したそうです（3時間26分54秒）。

マラソンは、人生の中で長く楽しめるもの。けがをすることもあるけれど、それもまたマラソンのうち。練習さえ続けていれば大丈夫。「なんとかなるさ、心配するな」ということなんです。

例③ サブ3に挑戦――松井昌司さんのケース（54歳・歴2年半・大阪）

松井昌司さんは、とても練習熱心なランナーです。会社の社宅仲間に誘われて走り始めたのが、この完走記の2年半ほど前。それから朝方に走るのを中心に練習を重ね、サブ3目前まで走力を伸ばしてきました。

朝のランニングは、いい練習になるんです。とくに朝食を食べる前に走るといい。松井さんはそれを実践していた。平日は仕事に出かける前に走り、週末も同じように早起きして走っていました。

これは簡単なようにみえて、かなり難しいことです。サブ3ともなると僕のつくるメニユーも20〜30キロ走るのは当たり前になってくるので、練習に時間がかかる。ウォーミングアップも入れたら2〜3時間はかかるでしょう。だから、かなり早起きしないとなりません。

こうした長い距離の練習はだいたい週末に入れていましたが、松井さんは休日の朝4時半に起きて走っていました。メニューの開始が8月下旬の暑い時期だったので、涼しい朝を利用したのでしょう。でも、秋になると外はまだ暗いし、肌寒い。どうしたって起きるのにくじけそうになりますが、松井さんはきっちり練習を続けました。本当に頑張り屋のお父さんです。

完走記には、そうした苦労はまったく書かれていません。関西の人なので、お笑い芸人のような書き方をしています。関西弁で、明るく楽しい内容になっています。

松井さんのサブ3挑戦は、計画的にきちんと準備ができていたものでした。出場した大会も河川敷のコースだったのでアップダウンはなく、心配された風もなかった。記録を出すには絶好のチャンスに思えました。

でも、それなのに苦しみます。

原因は出だしからペースが速かったこと。サブ3は1キロ4分15秒のペースで実現できるのに（トータル2時間59分20秒）、スタートからそれを超える１キロ４分弱のペースで入ってしまったのです。

不運だったのは時計の操作がうまくいかず、序盤で自分のラップがわからなくなってしまったこと。だから完走記にも５キロごとのラップは書かれておらず、４つの区間に分けて記しています。

自分のスピードがわからずに、調子に任せて飛ばしてしまうとどうなるか？

これは松井さんには申し訳ないけれど、反面教師になる完走記です。

サブ３に挑戦――上級者が陥ったハイペースの罠

出場レース　大阪・淀川市民マラソン（２０１０年11月7日）
達成ならず　３時間８分50秒（レース前ベスト：３時間18分46秒）

◇スタート〜５キロ――20分38秒（１キロ４分08秒ペース）※以降ラップなし
自分の大会を振り返れば、やっぱりなんちゅうてもオーバーペースですね。

大会前は「最初の５キロは22分くらいで」と思っていたのに……。

監督の忠告も「最初は抑えて」やったのに……。

しかし、大会当日。トイレも完了、アップもOK、いざスタート位置へ。

そこは、2時間台と3時間台が立札で仕切られておりまして、「前はアカンで、無意識に飛ばすからな」とかなんとか思いながら……。

みなさん、ブログ読んでいただいてわかるように、僕ってたいがい調子のりですやろ。自分でもたまらんときがありますねん。

そんで、スタート位置ですが、やはり3時間台は満員、2時間台は余裕ありでしたが、ふとハーフの部の最前列をみると、そこに尊敬する第1回東京国際女子マラソンで日本人1位であった村本みのるさんのお姿が。「これは前に行って拝見せな」と前へ行くと、目に入ってきたのは同じくゲストのQちゃんの姿！　ハーフのスタート位置で前列のランナーとハイタッチをしており、次第にフルのスタート位置へ移動してきて、気がつけば僕もQちゃんとハイタッチしてました。

てなことで、僕のスタート位置はほぼ最前列でした。

もう、この時点で脳はアドレナリンがグツグツ沸き立っていたのでしょう。空も晴れわたっており、もう気分はめちゃハイでございます。

スタートしてから1キロ地点は、３分50秒くらい。

前回、ハーフでこの大会に出たときと同じくらいで、５キロは20分38秒。ここから時計の操作をミスりまくり、後のラップはとれてません。

５キロ地点にスキー仲間が応援に来てくれて、まだまだ僕も元気ですがな。

このあたりからサブ３狙いと思われるランナーについて走りました。

そして通称「毛馬《けま》の閘門《こうもん》」。こうもんと言っても「カッカッカ、助さんもういいでしょう」とちゃいますよ。あれは水戸ですね。

ちなみに毛馬は与謝蕪村の生誕地でございまして、「春の海　終日のたり　のたり哉」の石碑がコース横にございます。

◇５〜21キロ（中間点）——計１時間21分（この間16キロを１キロ３分45秒ペース）

淀川を渡り、都島区から東淀川区へ。この淀川を渡るときが唯一のアップダウンです。

そして、10キロ手前が歓楽街十三《じゅうそう》地区。ここで友人が適切なアドバイスをくれたのです。

「ペース速いよ、自分のペース守って」

手をあげて応えるも、僕ちゃん、従ってないねんなぁ。キロ4分を切るペースで走ってました。

塚本地区では、地元の幼稚園の園児鼓笛隊が応援してくれて、手を振りながら通過。たいがいテンション高いでぇ。

第1折り返しの11キロ地点。

「もうあと31キロしかないんや」と思うと、また脳のアドレナリンがポンポン音を立ててはじけまくってしまったんやろね、今思えば。

そんで淀川を渡り、さきほどの毛馬地区へ。スキー友だちが気合い注入のハイタッチ。なんか身体も軽く、走ってて気持ちも最高に楽しかった。

中間点（21キロ地点）で1時間21分。

今考えたら27分の見間違えかと思うけど、そんときゃあなた、「俺、このまま行ったら2時間50分前半！」てなことを考えてしまったら、「もぉ〜どうにも止まらない」の山本リンダ状態ですわ。

その時はわからんのですね。なんか楽しいんですわ。走ってるのが、もうメチャメチャ楽しかったですね。

呼吸もつらくなく、脚も快調。しかし、その脚に疲労が忍びよっていたことを、機嫌よう調子こいて走ってる私、松井昌司、もうすぐ54歳は、知るよしもなかったのでありました。

◇中間点～31キロ（第２折り返し）――計２時間12分（この間９キロを１キロ５分03秒ペース）

さて、中間点を過ぎるとハーフマラソンのコースと合流します。しばらく行くと舗装道路はハーフで折り返してきたランナーでいっぱいで、フルのランナーは草地を走りました。ここでかなり脚に疲れをためてしまったのでしょう。

30キロ手前で家族が応援に来てくれていて、子供とハイタッチして第２折り返し（31キロ地点）へ。

ここで設置時計をみると２時間12分。

ん？　あと11キロを48分？

「え～っ、ギリチョンかい。ちゅうか遅れとるがな」

冷静に考えたら、そんな状態で48分は無理やろぉ。

◇31キロ～ゴール——計3時間8分50秒（この間12キロを1キロ5分05秒ペース）

第2折り返しを回って、また家族のいてる所へ。

35キロ手前付近ですが、このときは子供の声援に返す言葉もなく、ただ手をあげるのみ。嫁さん曰く「往きと帰りでフォームが全然違ってた」。帰りは、腰も落ちて膝下だけで走ってる感じという、どうみてもバテバテちゅう状態やったらしいです。

でも、不思議と疲れた、とは感じませんねん。何やろね。これって脳がハイになってるんですかね？

その後すぐに両腕が痺れだし、腕を下げてブラブラして走ってました。あとでその話を友だちにしたら「それは酸欠やろ」と。周りからみたら、ヨレヨレやったんやろね。

しばらく走ると、最初についていこうと思ったサブ3狙いとおぼしきランナーに抜かれ、差が広がっていきます。

「ついていかなあかん」と腕振りを意識するも、頭がブレて、上体がブレて、思うように進まない。腰が落ちて、上体は猫背で、顎が上がってるんやろね。よろけて倒れそうになるので、思わず歩いてしまいました。

腕を下げて歩いていると、脚は前に出ます。しばらく歩き、少しして走って、腕を振りだすとよろけてまた歩く。その繰り返し。

歩いていると、すれ違うランナーに「目指せ、サブスリー！」と声をかけてもらいました。ありがとうございます。お礼が遅くなりました。

腕時計をみるとちょうど12時。スタートは９時だったので、目標の３時間が過ぎました。

しかし、ほんま不思議ですね。楽しいんですわ。何か楽しいんですわ。

そして、あと１キロの表示。

「よっしゃ、最後１キロ！」

慎重に走り出し、どうにかこうにかゴールゲートまであと１００メートル。両脇には応援の人たちがいっぱい。そこを僕は走ってるつもりやけど、フラフラして今にも倒れそうやったんやろね。

案の定、身体の制御がきかず、ヨロヨロと左端へ流れ、その場にへたりこんでしまいました。すると「ああ～」とゆう応援のみなさんの大きな溜息ともつかない声。その時、僕は「この声って、ひょっとして俺？　俺って今、みんなに注目されてる？」。やっぱり脳はハイになっとるね。

救護の方が来て「大丈夫ですか？」と声をかけられて、「はい、いけます」と。立ち上がるゆうても、ゴールはすぐそこやねんけど。なんか、自分が映画の主人公になったような気分で、そのまま救護の方に見守られながらのゴールでした。

ゴールしたら、もう起き上がれません。「大丈夫ですか?」と手を貸してくれたのは、ゲストのQちゃんでした。ありがとう、Qちゃん。

その後、ふくらはぎ、足裏、足指、はては腹筋までつりまくり、1時間ほど動けませんでした。無料の豚汁の列にも並べず、今まで生きてきてこれほどつったのは初めてです。

しかし、脚がもたないとゆうのは走り込み不足やな、と実感しました。長い距離を走ってもラスト10キロを追い込むゼーゼーハーハーが足りませんでした。

目標は達成できませんでしたが、今回を教訓に「やっぱり目指すで!サブ3!」です。

みなさんの応援がなかったら棄権していたかもしれません。

本当にみなさんありがとうございました。


【監督の講評】

松井さんも、タイムだけをみれば自己ベストです。最後でふらふらになるような走りをしなければ、サブ3はできていたでしょう。

とにかく、ペース配分がもったいない。サブ3は1キロ4分15秒ペースで達成できるのに、中間点のタイムが1時間21分は速すぎます（1キロ3分50秒ペース）。せめて1時間30分（同4分16秒ペース）に抑えて走っていれば結果は違っていたでしょう。

前半の無理な走りは、途中まで調子よく走れても30キロ過ぎでガクンとくるんです。これは徐々にペースが落ちるのではなく、松井さんのように突然パタンと止まってしまう。脚が動かなくなって、走れなくなり、座り込んだり歩いたりしてしまいます。

本人も反省していましたが、練習で追い込んだ走りができていなかったのに、それを本番のスタートからいきなりやってしまった。これでは体が悲鳴を上げて、脚が動かなくなっても仕方ありません。

松井さんには厳しいレースになってしまいましたが、反省点は本人もわかっています。練習で追い込んだ上で、本番で走り方さえ間違えなければ大丈夫でしょう。

実際に、松井さんはこのレースの1年4カ月後にサブ3を達成したそうです（2012年3月に2時間58分59秒）。これは55歳を過ぎてからの達成。何歳になっても記録は伸ばせる。それを実証してくれた松井さんは、本当はいいお手本なんです。

＊＊＊

どうでしょう。頑張って練習した人には、やっぱり結果も出してほしいものですね。

自己ベストの鍵が後半型にあることは、この3人の例でわかってもらえたと思います。

スタートから飛び出すのが、一番多い失敗のパターン。出だしはとにかくゆっくり入ること。重い脚ができていれば、気持ちよくなるのは10数キロあたり。そこでも一気にペースを上げないようにして、35キロ地点で最速になるイメージで徐々にスピードを上げていくようにする。それで30キロ地点まで行ければもう大丈夫。脚に力が残っているから、そこからは、気持ちよく最後まで走れるはずです。

3人の完走記を参考にして、みなさんも自己ベスト達成を目指してください。

第5章　自己ベストの最大の敵は「故障」と知る

——故障の起こり方と予防の仕方

マラソンの練習では、ジョギングで走っているうちはけがもしませんが、自己ベストを狙って練習に負荷をかけ始めると故障することがあります。

これは、最初は「違和感」という形で脚に表れます。

「ペースを上げて走ったら、足の裏がちょっとしびれた」

「少ししか走っていないのに、ひざの外側に軽い痛みが走った」

これが、故障の前兆です。こうしたサインが出たところで無理をすると、思っていた以上に痛みが広がることがあるので注意しなければなりません。

でも、そんなことはみんなわかっているんです。ランナーはわかっているのに無理をしてしまう。だから、せめて「違和感」が確かな痛みに変わってしまったときには無理をしないこと。それがたとえレースを欠場することになったとしてもです。

この最終章では、いくつかの具体例をあげながら、故障などで練習を中断せざるを得なくなったとき、どのように対処すればいいのかを説明していきます。また、章の後半では、故障しない体をつくる補強運動やストレッチを紹介します。

■故障を誤魔化しても何もいいことはない

マラソンランナーにとって脚や腰の故障は、ある意味で職業病のようなものです。

そうしたけがは小さなことから始まります。例として、僕が学生のときに失敗した話をしましょう。些細なことが原因で、僕は箱根駅伝への出場を棒に振りました。

それは、順天堂大学の４年生のときでした。それまで１年から３年まで、僕は毎年箱根を走っていました。１年のときは往路５区の山登り、２年と３年は復路８区。４年生になった年は、体が絞れて調子がすごくよく、最後の箱根でどうにか区間賞を取りたいと意気込んでいました。

ところが、「好事魔多し」とはよく言ったものです。前の年の秋口に青森東京駅伝という大会があり、そこに選手として出場したときに失敗しました。何をしたかというと、シューズのひもをきつく結びすぎた。それで走ったら足の甲が腫れてしまい、検査で腱鞘炎と診断されました。

大学生ですからまだ20代のころです。体力に対する過信がありました。２日くらい休んで、よくなったと思って走り出したらまた同じところを痛めた。でも、もう休めません。そのころにはチーム内での競争が始まっており、足をけがしているなんて申告したら、それで箱根のメンバーから脱落してしまいます。

結局、だましだまし練習していたのですが、痛みは誤魔化せません。陸上部の監督に、「実は……」という話をして、メンバーから外されました。そのときは、みんなの前でおいおいと声をあげて泣いたものです。

そういう経験があるから、僕はけがをした人にいつも言うんです。「中途半端に練習をしないで、休まなきゃいけないよ」と。それでなくても、オーバーワークがたたって、けがをする人は多い。痛みを我慢して走っても、いいことは何もありません。

とにかく無理をしないこと。けがをしたときは、休むのが一番いいんです。

雨で走れない日には補強運動で鍛える

けがをしているならまだしも、雨で練習ができない日が続くと、ランナーは走りたくて体がうずうずしてくる。いくら休んだほうがいいと言われても、筋力が落ちるのではないか、と不安になってくるものです。そんなときにおすすめなのが、室内でできる補強運動です。

普段は使わない筋肉を補強することで、休み明けの走りが見違えるように変わってくることがあります。

ここでは、佐倉アスリート倶楽部でやっている補強運動の中から、代表的なものをいくつか抜き出して紹介しているので、章末のイラストを参照してください。

ただし、補強運動で筋肉をつけても、速く走れるようにはなりません。全身の筋肉をムキムキになるまで鍛えても、走力が上がらないのは、マラソン選手の体型をみればわかるでしょう。走るための筋肉は走ることによってつくられます。無駄に筋肉をつけすぎると、体重が増えてマラソンにとってはかえって不利になることも覚えておいてください。

補強運動の目的は、あくまでも練習で足りない部分を補うもの。毎日やる必要はありません。雨が降って走れないときなど、週に１～２回もやれば十分です。

佐倉アスリート倶楽部では朝と午後の練習前に、みんなで10種類くらいの腹筋、背筋、腕立て伏せをしています。だいたい30回を３セット。かかる時間はトータルでせいぜい10分です。

一般のランナーなら、最初は回数を決めなくてもいいでしょう。５回１セットくらいから始め、慣れてきたら少しずつ回数やセット数を増やしていく。最終的に30回３セットもできるようになれば、走りのほうも劇的に変わってきます。もちろん、気持ちが乗らなければ、やらなくてもかまいません。

あとは、走っている途中に公園があれば、そこにある鉄棒にぶら下がってみる。それだけで、腕の筋肉と同時に、腹筋や背筋も鍛えられます。いつも練習している環境を工夫して使えば、トレーニングも無理なくできるはずです。

■道端でも簡単にできるストレッチ

次に、ウォーミングアップとクーリングダウンについて触れておきます。

まず、ウォーミングアップについて。小出道場で練習会をやっていたころ、はじまる前に何十分も体操やストレッチを念入りにしている人を見かけましたが、僕の考えはちょっと違います。ストレッチなどは少しやって、あとはゆっくり走り始めることでウォーミングアップになる、と考えています。

走り始めたら、ごくごくゆっくりのペースをしばらく保つ。そうして体を動かしていると、血液の流れがよくなって自然に体が温まり、筋肉や関節もほぐれてきます。ペースも上げやすくなって、距離も踏めるようになります。

大切なのは、むしろ練習が終わったあとの体操やストレッチです。こうしたクーリングダウンは念入りにやっておきたい。60分の練習なら、最後の10分くらいは体操をして、いろいろな箇所の関節をほぐす。それから、ストレッチでふくらはぎやアキレス腱、太ももの裏の筋肉を伸ばす。時間に余裕があれば、上半身の体側《たいそく》も伸ばしておきます。

章末イラストで紹介しているのは、道路のわきにあるちょっとした段差やガードレールなど、身のまわりにあるものを利用したストレッチです。同じようなことは、佐倉アスリート倶楽部の選手もやっています。筋肉を伸ばしておくと、血液の流れがよくなって翌日に疲労を残しません。

短い時間で簡単にできるので、短時間でできるウォーミングアップにも使えます。練習終わりに、ちょっと試してみてください。

故障の予防には「氷」と「ゴルフボール」

練習後の体のケアについても説明しておきます。

トップアスリートに限らず、走り終わってからとくに痛みが出るのが、ひざや足首、アキレス腱です。筋力の弱い女性や、休み明けで筋肉が落ちている人が無理をすると、股関節が痛むこともあります。

症状が軽いときや時間に余裕がないときはケアをおろそかにしがちですが、放っておくと患部が炎症を起こし、痛みが慢性化することがあります。ひどくなれば、日常生活にも支障をきたす。そうなる前に、できるだけ早くケアをしておきたいものです。

予防法としては、アイシングがもっとも手軽です。痛みがある場合は、氷を入れた氷《ひょう》のうを患部に当て、痛みの感覚がなくなるまで押さえ続ける。包帯などで固定してもかまいません。目安としては7〜10分程度。時間に余裕があれば、5分くらい間隔をあけて3セットほど行います。

アイシングは患部を冷やすことによって、血液の循環をよくし、疲労や痛みの原因になる老廃物を取り除く効果があります。

走っている途中で傷めたときなどは、手元に氷のうがないのでコンビニで売っているロックアイスや簡易的な保冷剤を使うと便利です。ただし、凍傷になる危険があるので、氷が入った袋をタオルなどで包むようにしましょう。

アイシングは佐倉アスリート倶楽部の選手も、よくやっています。アメリカのボルダーに行くと合宿所の近くにきれいな小川が流れていて、Qちゃんは練習のあとにそこにバシャッと足をつけていました。山の水だからとても冷たい。それをアイシング代わりにして、

足裏マッサージ

足の裏には縦方向と横方向のアーチがある（いわゆる土踏まず）。だが、長い距離を走った後などは、このアーチがなくなる。そこで、椅子に座って縦と横のアーチに沿ってゴルフボールをゴロゴロと踏むと心地よく、アーチも復活する

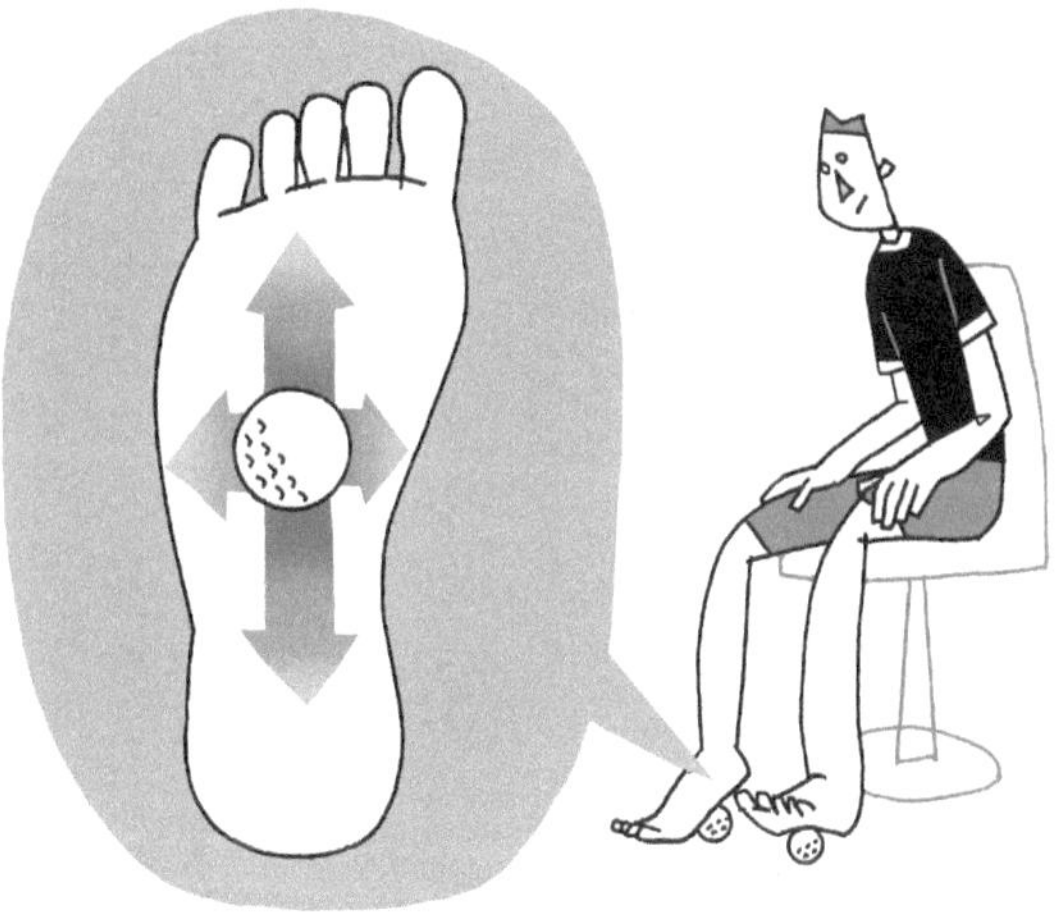

体のケアをしていたのです。
ほかにも、とくに夏場の暑い時期は、練習から帰ってきたら、たらいに水を張ってアイシング代わりにしている選手もいます。氷水を張ったバケツに足を突っ込んでおくだけでも、十分な冷却効果があります。
それから、けがの予防について、もうひとつ簡単な方法を紹介しておきましょう。
長い距離を走っていると、疲労で足の裏のアーチが落ちることがあります。土踏まずの部分がなくなって、いわゆる「へん平足」になる。そうなると、足首やひざのクッションが利かなくなり、小さな故障の原因になるほか、治療に時間がかかる「足底筋膜炎」などの大きな故障にもつながります。

こうした症状を防ぐためには、「青竹踏み」がいいんです。これで、落ちてきたアーチを、強制的に持ち上げておく。うちの倶楽部の選手も、ひまさえあれば踏んでいます。

青竹がなければゴルフボールでもいいでしょう。ゴルフボールであれば、親指の付け根から小指の付け根にかけての「横のアーチ」へのケアもできます。

高価な器具は必要ありません。体のケアはこうした工夫でできるものです。

■レースを欠場する決断もランナーの仕事

けがの話をしてきたこの章の最後に、レースを棄権することについて記しておきます。

とても勇気のいる決断でしたが、Qちゃんには世界選手権の出場を断念させたことがありました。シドニーオリンピックの前の年に行われた、1999年のセビリア大会です。

これは、僕がいけなかった。レースの3週間前になって、ふっと気がゆるんでしまったのかもしれません。ボルダーでの高地トレーニングが順調に進んでいたこともあって、彼女を食事に誘ったんです。山の上にあるレストランで、天皇陛下も訪れたことがあるという立派なところ。たまにはいいだろうと、奮発したつもりでした。

ところが、高級レストランというのは食事が運ばれてくるのに時間がかかります。スープや前菜からはじまって、一皿ずつ運ばれてくる。メインディッシュが出てくるまで、ずいぶんと時間がかかりました。

そのうちに、Ｑちゃんが「監督……、寒い」と言いだしました。「しまった」と思ったときには遅かった。標高２０００メートルもある場所だから、夏場といっても陽が落ちると急激に冷え込むのに、Ｑちゃんは薄手のブラウス一枚しか持っていなかった。すぐに僕の上着を羽織らせたけど、合宿所に帰ってからも「寒い、寒い」を繰り返している。熱を計ったら、38度を超えていた。明らかに、風邪の症状でした。

もちろん、翌日から練習は休みです。２日休んだら熱は下がったので、３日目から練習を再開して25キロを走らせました。４日目には40キロも走った。すると、翌日になって、今度は「足が痛い」と言いだした。ひざの外側にある腸脛靭帯《ちょうけいじんたい》を痛めてしまったんです。

そこからは、だましだましのトレーニングで大会の１週間前にヤビリアに入りました。練習では40キロを走れるようになり、どうにか出場できる見通しはついたけれど、練習不足は否めない。僕にも少し迷いがあったので、人に相談したところ「欠場したほうがいい」とアドバイスされて、決断しました。

そのことをQちゃんに告げたのは、レース当日の朝です。4時ごろに起きてきたQちゃんは、僕の部屋に来て「どのランニングとパンツで走りますか？」と聞いてきた。本人はやる気満々です。そんな姿をみると、切り出すのが余計に苦しくなります。

僕は、「まあ、座れ」と促し、一呼吸置いてから、「今回は休もう」と諭《さと》すように言いました。

当然、Qちゃんは納得しません。「走らせてください」と、涙ながらに抵抗しました。

僕も走らせてあげたかった。そのために、痛みをこらえながら苦しい練習を乗り越えてきたんですから。出場すれば、勝てる自信もありました。

今思えば、練習で40キロ走っていたのですから、十分に走れたと思います。でも、当時の僕たちには、翌年のシドニーオリンピックで金メダルを取るという大きな目標があった。今ここでリスクを冒《おか》して、その後のマラソン人生を棒に振るわけにはいきません。

「シドニーは俺が必ず優勝させてやる。だから、今回だけは言うことを聞いてくれ」

言葉だけではなく、どうにかして信用させなければなりません。

「うそじゃない」

そう言って、当時60歳のいいオジさんが「指きりげんまん」をしました。ここで僕たちはオリンピックの金メダルを約束したんです。

僕が言いたいのは、世界選手権でも諦める選手がいるということです。オリンピックだって開催地にまで行ってから出場を諦める選手もいます。みんな苦しい。でも、それを含めてマラソンということです。

市民ランナーであれば、マラソン人生は長い。

たった1回の大会に無理をしてはいけません。次の大会で自己ベストを目指せばいい。それを自分と約束して、練習に励めばいいんです。そうした気持ちの余裕を忘れないようにしてください。

最後になりました。

みなさんが故障をせずに、笑顔で目標を達成されることを祈っています。

1．補強運動

いずれも最初は「5回×3セット」など軽めの回数から始める。佐倉アスリート倶楽部では「30回×3セット」で行っているので、これを上限に考えるのもひとつのやり方。仮に3種類の腹筋運動を「30回×3セット」やれば、それで270回。高橋尚子選手はこれを1000回行っていたという。

腹筋の補強運動（3種類）

腹筋運動❶

ひざを曲げた状態から、頭、首、肩を上げておへそを見るようにする。体を丸める感じで行うのがポイント。手は耳の後ろあたりに軽く添える形にしたほうが首を痛めない。

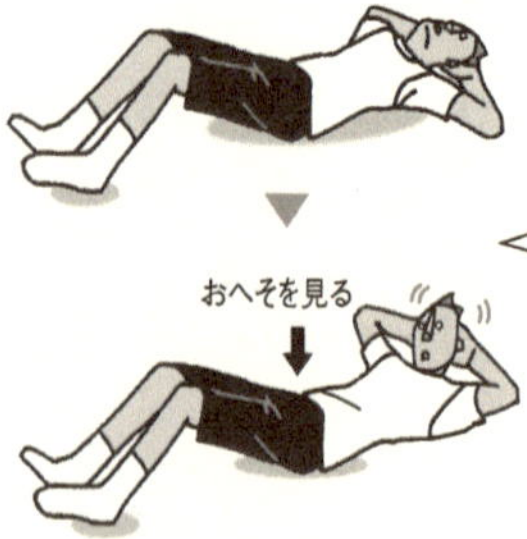

腹筋運動❷

上記と同じ体勢から、上体をしっかり持ち上げて起こす。

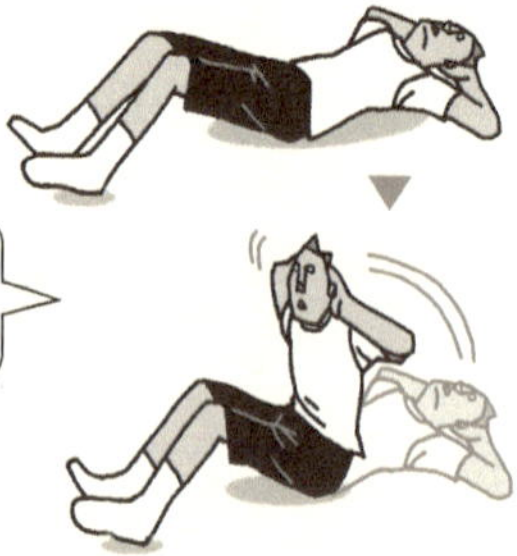

腹筋運動❸

寝そべった状態で、頭上の壁や柱などを両手で支えにする。この状態から伸ばした両脚を体が90度に曲がる位置まで持ち上げる。この繰り返し。

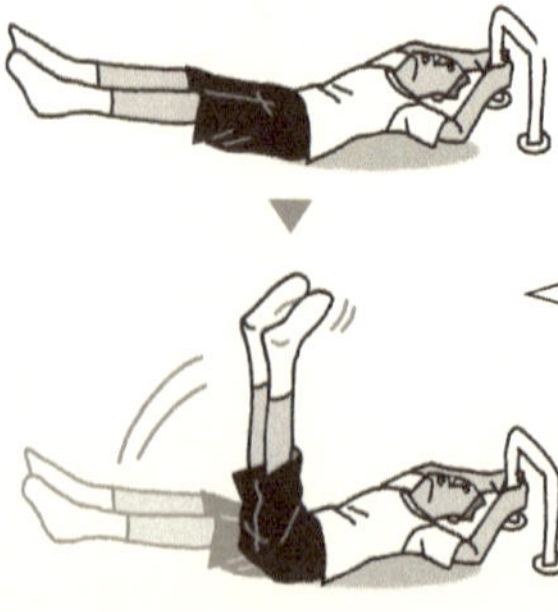

背筋の補強（2種類）

背筋運動●

Oneで右手と左足を上げる。Twoで左手と右足。そしてThreeで両手と両足を上げる。この繰り返し。反動をつけないように注意しながら行う。

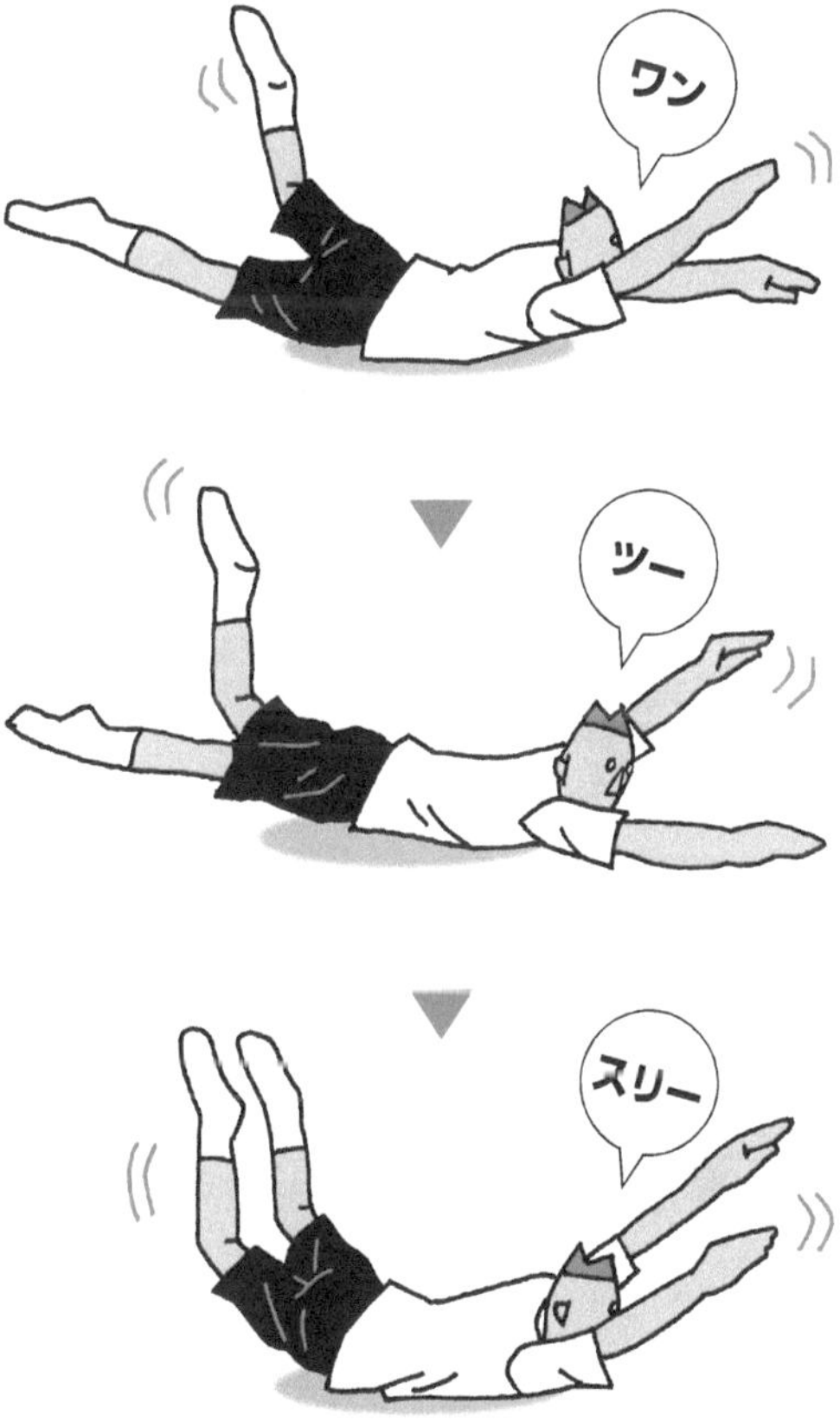

背筋運動❷

まず、上半身を反らせて上に。次に下半身を上に。これを連続して繰り返す。揺り籠のような動きになる。

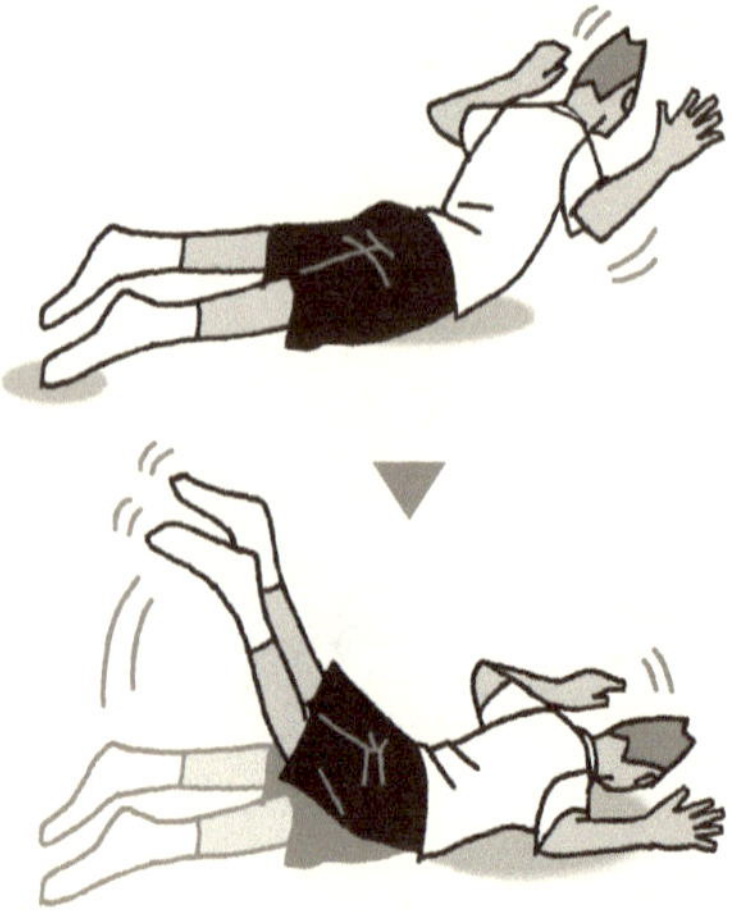

腕の補強

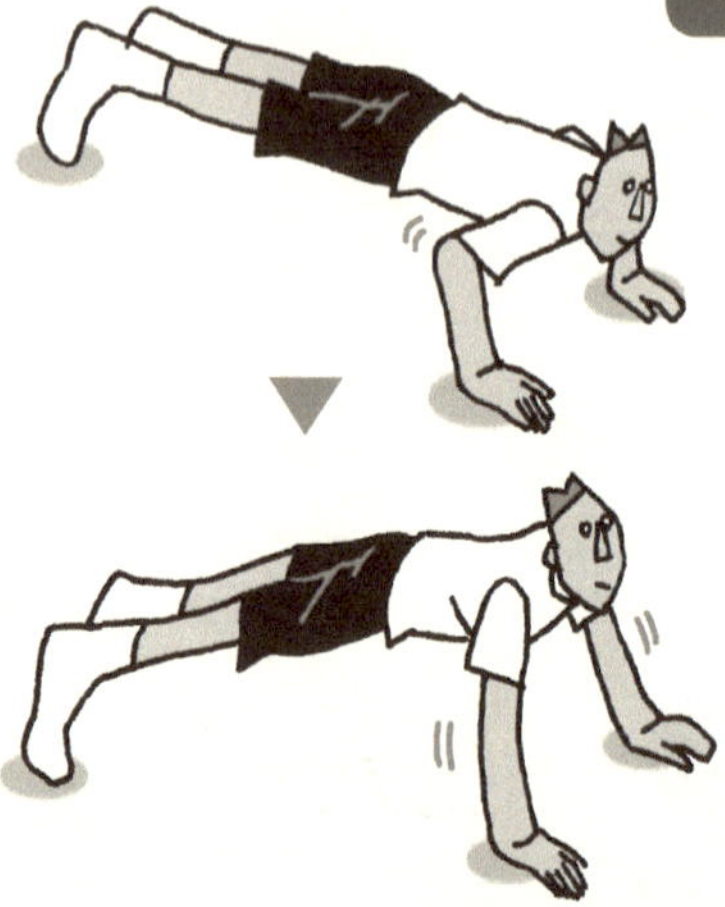

腕立て伏せ

おなじみの腕立て伏せ。女性など腕に力がない人は、ひざを床につけた状態でやるといい。

2.簡単ストレッチ

練習を始める前のウォーミングアップとして、あるいは練習後のクーリングダウンとして手軽に行えるストレッチを紹介。ウォーミングアップについては、走り出しをゆっくりすることで体を温められるので、クーリングダウンとして利用するのがおすすめ。伸ばす部位をしっかり意識して、強度に注意しながらケガの予防に努めたい。

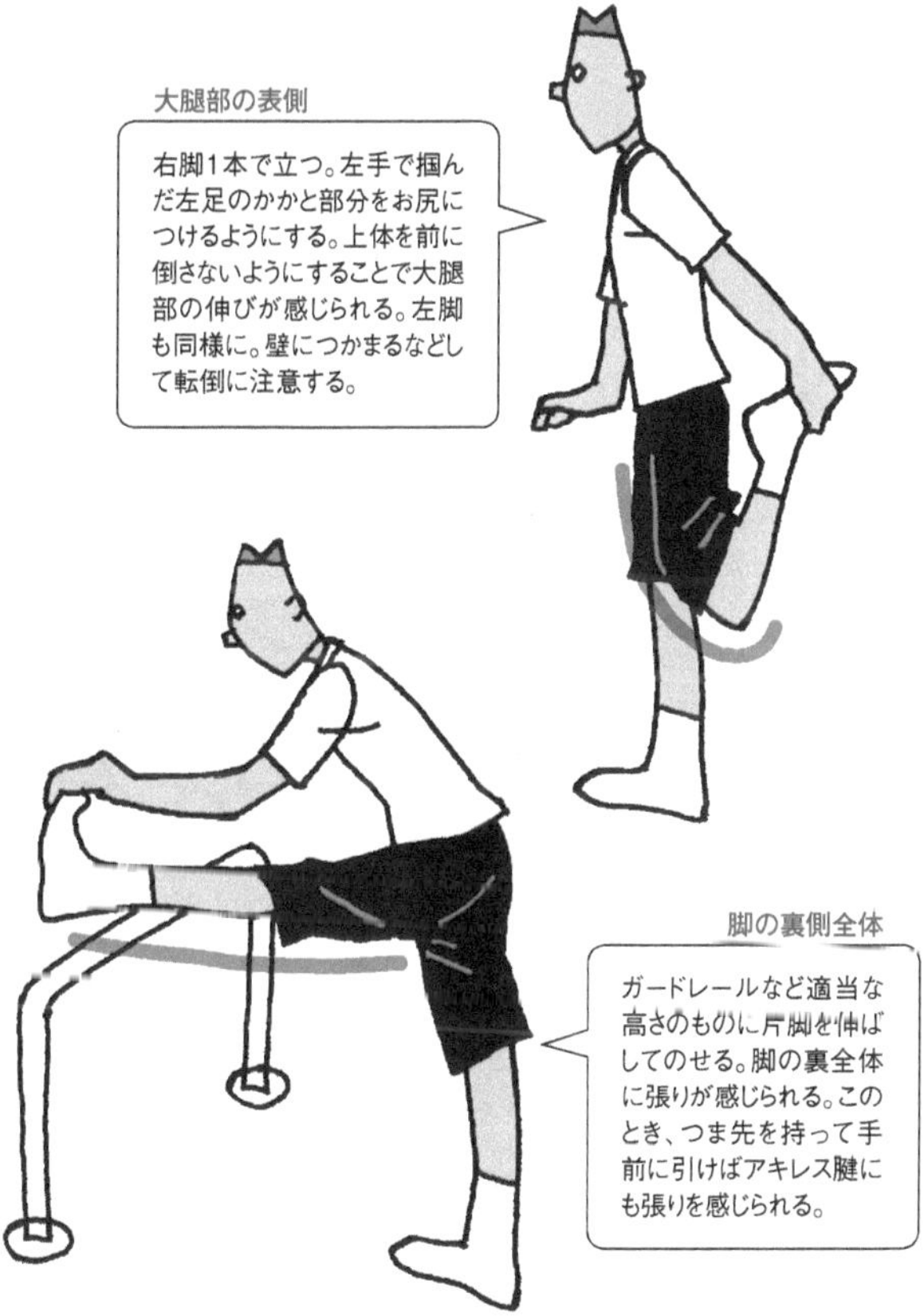
大腿部の表側
右脚1本で立つ。左手で掴んだ左足のかかと部分をお尻につけるようにする。上体を前に倒さないようにすることで大腿部の伸びが感じられる。左脚も同様に。壁につかまるなどして転倒に注意する。
脚の裏側全体
ガードレールなど適当な高さのものに片脚を伸ばしてのせる。脚の裏全体に張りが感じられる。このとき、つま先を持って手前に引けばアキレス腱にも張りを感じられる。

ふくらはぎ
縁石など段差があるところにつま先をのせる。直立するだけでふくらはぎの部分に張りを感じるので、そのまま伸ばす。
アキレス腱
上記の状態から、ゆっくりとひざを曲げて体を下げていく。じわじわっとアキレス腱部分に張りを感じ始めるので、適当な場所で動きを止めて伸ばす。
大腿部の裏側
縁石につま先をのせた状態から前屈する。ベタ足で行う前屈に比べて大腿部の裏側の張りを意識しやすいので、適当なところで動きを止めて伸ばす。

※補強運動・ストレッチ等の解説は、佐倉アスリート倶楽部の深山文夫コーチが担当。同倶楽部の選手が日常行っているものを中心に紹介しました

KADOKAWAのベストセラー

毎日「ジョギング」をすることは
マラソンの練習になっていなかった!
小出流マラソン指南の「基礎編」。

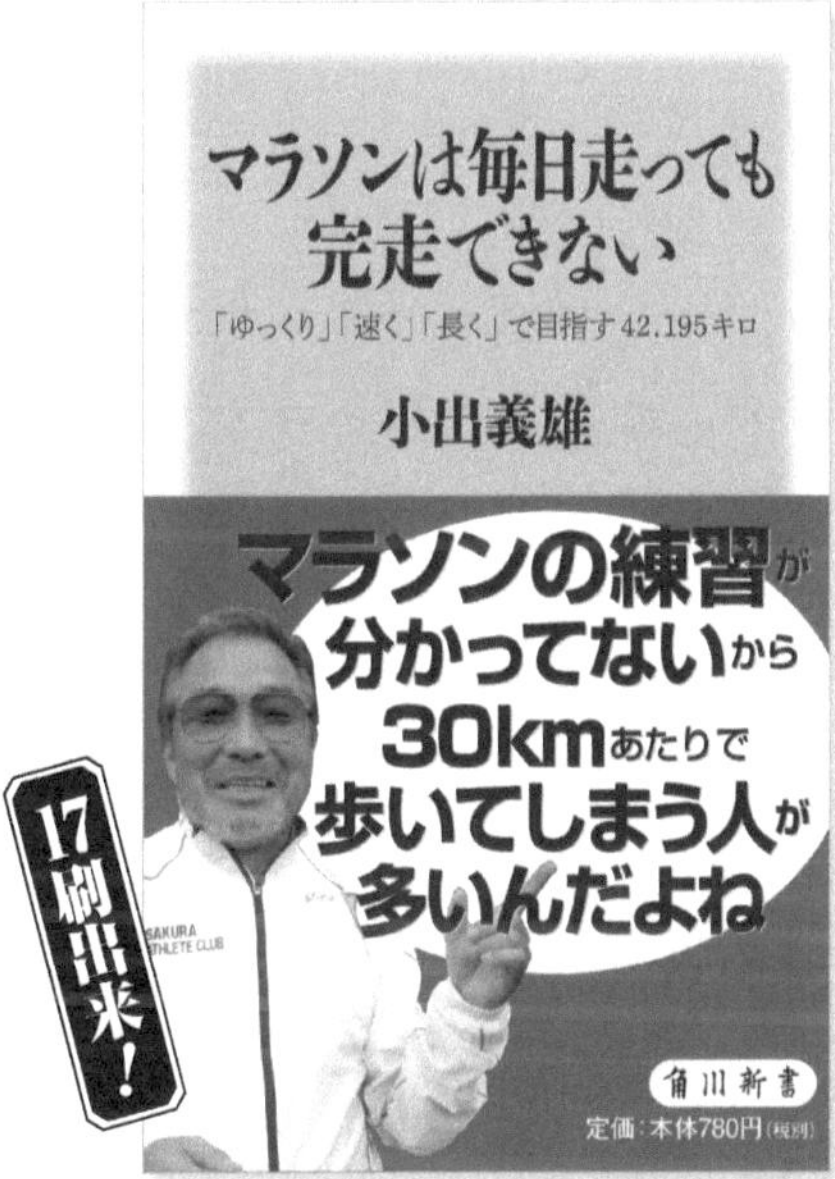

マラソンは毎日走っても完走できない
「ゆっくり」「速く」「長く」で目指す42.195キロ
小山義雄 著　ISBN978-4-04-731506-8

マラソンの練習とは①42.195kmを走れる脚をつくること、②速いスピードに耐えられる心肺をつくること――この2つが重要であることをわかりやすく解説する。本書はいわば「基礎編」。マラソンのための練習を具体的に示す。金メダリストたちの調整法も初公開!

全国の書店で絶賛発売中!

小出義雄（こいで・よしお）
有森裕子、高橋尚子ら五輪メダリストを育てたマラソン指導の第一人者。1939年4月、千葉県佐倉市生まれ。順天堂大学で箱根駅伝を３回走り、卒業後は千葉県の公立高校で陸上部を指導。86年船橋市立船橋高校を全国高校駅伝優勝に導く。88年教職を辞し、実業団チーム監督に。2001年佐倉アスリート倶楽部を設立し、実業団女子陸上部の指導にあたるほか、市民ランナーの育成にも努めた。著書に『マラソンは毎日走っても完走できない』（KADOKAWA）等がある。2019年4月24日に逝去、享年80。

編集協力／岩本勝暁
イラスト／ツトム・イサジ

30キロ過《す》ぎで一番《いちばん》速《はや》く走《はし》るマラソン
サブ４・サブ３を達成する練習法
小出義雄《こいでよしお》

2013 年 11 月 24 日　初版発行
2025 年 11 月 15 日　18版発行

発行者　山下直久
発　行　株式会社KADOKAWA
〒102-8177　東京都千代田区富士見 2-13-3
電話　0570-002-301（ナビダイヤル）
装 丁 者　緒方修一（ラーフイン・ワークショップ）
ロゴデザイン　good design company
オビデザイン　Zapp!　白金正之
印 刷 所　株式会社KADOKAWA
製 本 所　株式会社KADOKAWA

角川新書
© Yoshio Koide 2013 Printed in Japan
ISBN978-4-04-731626-3 C0275

※本書の無断複製（コピー、スキャン、デジタル化等）並びに無断複製物の譲渡および配信は、著作権法上での例外を除き禁じられています。また、本書を代行業者等の第三者に依頼して複製する行為は、たとえ個人や家庭内での利用であっても一切認められておりません。
※定価はカバーに表示してあります。

●お問い合わせ
https://www.kadokawa.co.jp/（「お問い合わせ」へお進みください）
※内容によっては、お答えできない場合があります。
※サポートは日本国内のみとさせていただきます。
※Japanese text only